EDUCAR EM ORAÇÃO

Gabriel Chalita

EDUCAR EM ORAÇÃO

)|(Academia

Copyright da primeira edição © Gabriel Chalita, 2005
Copyright desta edição © Gabriel Chalita, 2011

Revisão: Maria Aiko Nishijima
Diagramação: SGuerra Design
Imagem da capa: Highway and byways (1929), de Paul Klee

Dados Internacionais de Catalogação na Publicação (CIP)
(Câmara Brasileira do Livro, SP, Brasil)

Chalita, Gabriel
  Educar em oração / Gabriel Chalita. – São Paulo : Editora Planeta do Brasil, 2011.

ISBN 978-85-7665-665-4

1. Educação religiosa 2. Oração – Cristianismo I. Título.

11-07174   CDD-248.32

Índice para catálogo sistemático:
1. Oração : Prática religiosa : Cristianismo 248.32

2011
Todos os direitos desta edição reservados à
EDITORA PLANETA DO BRASIL LTDA.
Avenida Francisco Matarazzo, 1500 – 3º andar – conj. 32B
Edifício New York
05001-100 – São Paulo – SP
www.editoraplaneta.com.br
vendas@editoraplaneta.com.br

Para todos aqueles que acreditam
no poder da oração;
para todos aqueles que acreditam na poesia,
no sonho, no amor.
Para quem só acredita na prosa;
para quem teima em nada acreditar.

A toda a Comunidade Canção Nova,
em especial, ao nosso Pai querido,
mestre, padre Jonas Abib.

Sumário

Prefácio	9
Orações pela escola	**15**
1ª oração: Do professor	17
2ª oração: Da professora aposentada	19
3ª oração: Do professor desempregado	23
4ª oração: Da servente	27
5ª oração: Do diretor	29
6ª oração: Do estudante	31
7ª oração: Do aluno apaixonado (ou da paixão não correspondida)	35
8ª oração: Do aluno ausente	41
9ª oração: Do aluno especial	45
10ª oração: Do professor ausente	49
11ª oração: Do medo de não aprender	53
12ª oração: Da escola	57
13ª oração: Do início das aulas	61
14ª oração: Do final de ano	65
15ª oração: Da formatura	69
16ª oração: Do conhecimento	73

Orações pela família — 79
17ª oração: Do pai — 81
18ª oração: Da mãe — 85
19ª oração: Do filho — 89
20ª oração: Do avô — 93
21ª oração: Da avó — 97

Orações que acalentam — 103
22ª oração: Da manhã — 105
23ª oração: Da ética — 109
24ª oração: Do amigo — 113
25ª oração: Da criança — 117
26ª oração: Do órfão — 121
27ª oração: Do jovem — 125
28ª oração: Do idoso — 129
29ª oração: Da paz — 133

Oração especial — 139
30ª oração: Para a Mãe de Deus — 141

tenho uma certeza: você não é um mercenário na educação. Você é verdadeiramente um educador. Você é um parceiro de Deus. Você é sócio Dele nessa obra maravilhosa que é a educação.

Neste livro, Gabriel Chalita vem ajudar-nos a fazer da nossa vida de educadores uma contínua oração e, dessa forma, aprendermos a educar em oração.

Pe. Jonas Abib
Fundador da Comunidade Canção Nova

De tomada de posição. Eu posso assumir uma atitude de amor ou uma atitude de desamor. É uma decisão. É uma escolha que eu faço naquele momento. É esse tipo de amor que nós, educadores, precisamos vivenciar continuamente. Sem amor, não há educação. A verdadeira educação só acontece num clima de amor.

Nós, educadores, precisamos ser cada vez mais adestrados nesse amor que significa decisão.

Esse amor não é obra simplesmente humana. Ele é resultado de uma parceria. Nela, o educador e Deus se unem e dessa união resulta a obra mais humana e mais divina: a educação capaz de fazer homens e mulheres novos para um mundo novo.

Gabriel Chalita mais uma vez acertou no alvo. Ele sabe que a educação é consequência dessa parceria. Ele sabe que o educador é e precisa ser cada vez mais um sócio de Deus. Sabe que nós, educadores, devemos ser homens e mulheres de oração; e, se não soubermos orar, é urgente aprender.

Talvez você diga: "Mas eu não sou uma pessoa muito religiosa..."

Eu, porém, lhe respondo: "É claro que você é".

Talvez você seja uma daquelas pessoas que precisam conhecer mais a Deus e melhorar a qualidade do seu relacionamento com Ele. Mas eu

Com o decorrer do tempo, passei a vivenciar um amor muito real e concreto. Um amor muito mais ato de vontade do que sentimento. Em cada situação eu precisava me decidir pelo amor. Agir com amor. Comportar-me de maneira amorosa. Assumir uma atitude de amor, mesmo não sentindo nada naquele momento. Fui descobrindo um amor que se concretizava em paciência, em bondade, em respeito pelas pessoas, em generosidade. Muitas vezes, comportava perdão, honestidade, confiança.

Comecei a perceber que nada disso era simples sentimento. Ao contrário, eram atitudes a assumir. Decisões a tomar. Comportamentos que deveriam ser colocados em prática.

Isso tudo me remeteu a algo que já me era muito familiar. São Paulo já havia dito que "o Amor é paciente, é bondoso. Não tem inveja, não é orgulhoso. Não é arrogante. O amor não se escandaliza, não busca os seus próprios interesses. Não se irrita, não guarda rancor. Não se alegra com a injustiça, mas se rejubila com a verdade. O Amor tudo desculpa, tudo crê, tudo espera, tudo suporta. O Amor não acabará jamais".

No capítulo 13 de sua Carta aos Coríntios, São Paulo já apresentava o amor em termos concretos e práticos de atitudes a tomar. De comportamentos a assumir. De decisões.

Prefácio

Amar e orar: a fórmula certa. Amar é muito mais que um sentimento. É atitude. É comportamento. É maneira de agir e de reagir diante de pessoas e de situações.

A primeira vez que ouvi isso, estranhei muito. Eu também pensava que o amor era acima de tudo um sentimento. Eu era um daqueles que dava muito valor ao sentir. Para mim, esse não foi apenas um conceito novo, mas uma mudança de paradigma. E você sabe que, quando se muda o paradigma, muita coisa se altera em nosso modo de ser e de gerir as situações e, também, em nosso comportamento prático.

Pouco a pouco, mas muito rapidamente, eu fui compreendendo na prática que amar, mais do que um sentimento, é a maneira como me comporto diante de alguém ou diante de uma situação. É a atitude que eu assumo naquele momento e com aquela pessoa.

Orações
pela escola

1ª oração:
Do professor

Senhor, Tu me conheces.
Sabes onde nasci, sabes de onde venho, sabes quem sou.
Conheces minha profissão: sou professor.
Desde criança, tinha em mim um imenso desejo de ensinar. Queria partilhar vida, sonhos. Queria brincar de reger.
A todos ensinava, Senhor. Criava e recriava histórias para senti-las melhor, para reparti-las com quem as quisesse ouvir. Eu era um professor.
Fui crescendo e percebi quanto o sonho era real. Queria ensinar mesmo. Estudei. Concluí o curso universitário.
Hoje, sou, de fato, um professor. Com diploma, certificado e emprego.
Hoje, não são bonecos que me ouvem. São crianças. Dependem tanto de mim! Do meu jeito. Do meu toque. Do meu olhar.
São crianças ávidas por aprender. E por ensinar. Cada uma tem um nome. Uma história.

Cada uma tem um ou mais medos. Traumas. Sonhos. Todas elas, crianças queridas, sonham. E eu... Eu, Senhor, sou um gerenciador de sonhos. Sou um professor.

Respeito todas as profissões. Cada uma tem seu valor, sua formosura. Mas todas elas nascem da minha. Ninguém é médico, advogado, dentista, doutor, sem antes passar pelo carinho, pela atenção, pelo amor de um professor.

Obrigado, Senhor.

Escolhi a profissão certa. Escolhi a linda missão de partilhar.

Partilho sonhos. Partilho medos.

Tenho meus problemas. Sofro, choro, desiludo-me. Nem sempre dá certo o que programei. Erro muito. Aprendo errando, também.

Mas de uma coisa estou certo: sou inteiro. Inteiro nas lágrimas e no sorriso. Inteiro no ensinar e no aprender. Sei que meus alunos precisam de mim. E eu preciso deles. E, por isso, somos tão especiais. E, nesta nobre missão de educar, nossa humanidade se enriquece ainda mais.

Sou professor. Com muito orgulho. Com muita humildade. Com muito amor. Sou professor!

Amém!

2ª oração:
Da professora aposentada

O tempo passa.

Hoje, olho para o espelho e vejo marcas em minha face. Já não sou a mesma menina daquele primeiro dia de aula. Ah! Quanta saudade. Lembro como se fosse hoje.

Aquele ginásio! Parecia que entrava em um convento. Tão grande. Tão silencioso. Cheguei sozinha. Antes da hora. Estava muito ansiosa. Um delicado coque no cabelo. Um vestidinho de cuja cor já não me lembro, só lembro que estava todo engomado.

Sozinha, tive medo; confesso que tive medo. Aos poucos, eles foram chegando. Eram tão comportados. Chegavam com um brilho nos olhos. Era o primeiro dia de aula. Todos com os cabelos penteados. Uma simplicidade que me fascinava.

E eram meus. Meus alunos.

O primeiro bom-dia. Meu nome. A data no lado esquerdo do quadro-negro. O livro de chamada. E cada um, com orgulho, respondia:

"Presente". A cada nome, um novo olhar se enchia de emoção. E era eu, tão menina, regendo aquela linda orquestra.

Parece que foi ontem. Passou tudo tão rápido! Foram tantas turmas. Tantos alunos. Tantas lágrimas que correram a cada homenagem que me faziam. E eles foram crescendo. Agradecendo as lições ensinadas, aprendidas. Ora, eu é que aprendi, eu é que ganhei, eu é que vivi.

Hoje, estou aqui, Senhor. Embalada por estes pensamentos. Estou aqui, em oração. Não tenho como fazer o tempo voltar. Mas sei que ainda posso ensinar. Ensino, todos os dias, a tantas pessoas. Ensino a mim mesma. Não tem jeito. Nasci para ensinar e vou cumprir meu ofício até o último dia.

Não sou a mesma menina. Mas ainda me sinto bela. Tenho a beleza dos meus 80 anos. Cada pequena ruga é uma pequena parte da minha história. As lembranças, as memórias de tantas estripulias, povoam minha cabeça. Os problemas que tive, ora, não foram importantes. O tempo já fez sua parte e tudo apagou. As alegrias, essas permanecem. Estão em mim. Dão-me vida. Fazem-me continuar.

Eu tenho muito ainda a fazer antes de me encontrar Contigo. Mas já estás comigo. Sempre estiveste. Não sei se era eu ou se eras Tu, Senhor, que ensinavas. Acho que eu era apenas um instrumento, para que cada alma fosse tocada pelo Teu amor. Cresceram todos os alunos. Alguns não foram tão felizes. Sofreram. Não perceberam a própria essência. Outros se fizeram luz. Iluminaram. Iluminam. E há um pouco de mim em cada um deles. Disso, estou certa. E há tanto de Ti em todos eles. E, por isso, são felizes.

O tempo passa. E é bom que seja assim. A cada idade, a cada momento, sua formosura, sua beleza. E estou aqui. Ainda inteira. Cheia de vida e de esperança. Cheia de amor. Mais madura. Mais próxima de Ti e de mim.

Obrigada, Senhor! E até a próxima oração. Amém!

3ª oração:
Do professor desempregado

Senhor, em meio a tantos que não me escutam, ouve Tu minha oração.

Há tanto procuro alguém que reconheça o meu potencial, e parece que ninguém tem tempo. E como isso me faz mal. E como aumenta minha carência, minha crise de pequenez, e diminui minha já sofrível autoestima.

Às vezes, pego-me sozinho, remoendo as minhas dores. Tu me conheces e sabes o que sofri para chegar até aqui. E o pior é que não vejo saída. Há pouca esperança dentro de mim, e isso me faz sofrer cada vez mais.

No começo, eu percorria as escolas com um sorriso nos olhos e com uma chama de esperança no coração. Tinha a certeza de que, em pouco tempo, estaria na minha sala de aula, regendo os meus alunos. Ouvia o barulho das crianças, e uma vontade me conduzia.

Não desanimei com o primeiro "não". Sei que as coisas não são fáceis. Mas, agora, confesso que começo a entrar em desespero. São muitos "nãos", muitos "infelizmentes", muitas desculpas calcadas na incerteza de um "volte no próximo ano, quem sabe...". E eu volto para casa e encaro minha família. E um aperto enorme invade meu peito, juntamente com a vergonha de ter de dizer que "ainda não foi desta vez".

Senhor, não gostaria de pensar assim, mas, às vezes, sinto-me incompetente, ignorante, feio, esquisito. Muitos sentimentos pequenos vão tomando conta de mim. Parece que não consigo dar certo na vida. Parece que me falta alguma coisa. Algumas pessoas me olham e têm piedade de mim. Outras me acham fraco e até teimoso. Talvez, pensem que eu deva mudar de profissão. Fazer outra coisa. Mas Tu sabes, Senhor, que eu nasci para ser professor, que eu nasci para ensinar. Ou será que estou enganado? Não. Não quero pensar assim. Não quero perder a esperança.

Senhor, lembras quando eu era criança? E brincava de ser professor? Lembras quando eu sonhava em ser alguém na vida? Em ter uma carreira boa? Lembras como eu queria sustentar minha família e proporcionar aos meus pais coisas que eles não puderam proporcionar para nós, seus filhos? Queria tanta coisa... Eu sonhava tanto... E agora? Continuo sem conseguir enxergar a saída.

Tu sabes que não sou orgulhoso, mas como é difícil ter de sair de casa todos os dias e, todos os dias, ter de voltar sem novidade. E é por isso que Te faço esta oração. Não quero apenas pedir. Sei que, apesar de tudo, tenho muito a agradecer. Tenho saúde. Tenho família. Não tenho vícios. Tenho um futuro. Aliás, gostaria que esse futuro chegasse logo. Que a esperança de menino não morresse dentro de mim, mas que florescesse acompanhada de toda a alegria que terei quando a luz, enfim, chegar. Sei que este túnel há de terminar. Sei que, um dia, as coisas se arrumarão. Mas não sei como controlar minha ansiedade e meu desânimo.

Ajuda-me, Senhor! Eu Te peço com toda a fé que me resta. Ajuda-me, Senhor. Eu sou Teu filho. Eu sei que Tu me escutas, me vês, me sentes. Sentes os meus sentimentos. Sou Teu filho. E, se sou Teu filho, Tu és meu Pai. Cuida de mim. Alimenta a chama de esperança que, às vezes, teima em se apagar. Ajuda-me a me reerguer. A caminhada é longa, e um tropeço é apenas um tropeço, e nada mais. Sei disso. Só me resta acreditar profundamente.

A noite já vem. Às vezes, ela demora a ir. Mas amanhã é um novo dia. E eu quero ter certeza, Senhor, de que será um dia de sol. E o sol só poderá ser o porta-voz de uma boa notícia.

Obrigado, Senhor, por escutar minha oração. Amém!

4ª oração:
Da servente

São José era operário. O pai adotivo de Jesus era operário. Na simplicidade de sua oficina, ensinava o ofício ao filho, o Menino-Deus. Ensinava mais. Ensinava-o a ser homem, a ser simples, a ser educado.

São José não era doutor. Não tinha diplomas na parede. São José era um grande educador.

Na simplicidade de minha profissão, tenho muitas atribulações. Deixar tudo limpo, bem cuidado, preparado para receber o aluno, o professor. Minha profissão é de acolhimento. Cada planta plantada. Cada canto arrumado. Cada abraço recebido. Tudo isso é educação. Essa é a minha missão.

Fico feliz, Senhor, em poder servir. Aprendi Contigo que o amor é o maior de todos os mandamentos. Quem ama é capaz de servir. E de servir com alegria. Sou servente. Minha vida é assim. Ver tudo, arrumar tudo, neste imenso colégio. Receber afagos, dar carinho.

Em cada sala, ouço vozes. Professores ensinando. Alunos aprendendo. A cada toque de sinal, a barulhada gostosa de uma sinfonia. Correm de cá e de lá. Riem à toa. Nem sabem do quê. Apenas riem. São ainda tão puros, inocentes. São alunos. São sementes.

Gosto da escola cheia. Prefiro o barulho ao silêncio. Não gosto destes corredores sem ninguém. Fica o cenário vazio. Triste. Gosto das crianças que me chamam de "dona", de "senhora", de "tia", não importa. Que, às vezes, agradecem; outras vezes, não. Que ora cumprimentam, ora não. Não importa. Não fazem por mal.

Como São José, também conheço a dignidade da minha profissão. E sou feliz, Senhor, muito feliz. Tantas homenagens recebidas. E a maior homenagem: ver cada uma das crianças crescendo. E a maior tristeza: ter de dizer "adeus". E a maior alegria: reencontrá-las por aí. Como isso me enche de contentamento!

Obrigada, Senhor, por uma vida dedicada à educação. Sou servente. Sou educadora. Cumpro minha missão de ensinar e sei que é apenas na simplicidade que se é feliz. Que é apenas na simplicidade que nos aproximamos de Ti. Deus de Amor.

Obrigada, Senhor!

Amém!

5ª oração:
Do diretor

Senhor!
Minha missão não é simples nem fácil: liderar pessoas, gerir equipes motivadas e comprometidas com o bem comum.
Antes, eu tinha apenas de me preocupar com os afazeres do cotidiano.
Depois, com as questões pedagógicas.
Hoje, somam-se a tudo isso os desafios sociais.
Senhor!
Sei da minha responsabilidade e Te peço sabedoria.
Sabedoria para jamais destratar nenhum dos meus companheiros de jornada.
Sabedoria para entender a limitação de cada um e a minha própria limitação.
Sabedoria para dizer "sim" e para dizer "não".
Senhor!
Não quero ser um líder autoritário.
Não quero jamais parecer o dono da verdade.

Não quero a insensibilidade dos que apenas cumprem o dever e se revestem de autoridade.

Senhor!

Ensina-me a distinguir autoridade de autoritarismo.

Que minhas conquistas sejam também as do grupo ao qual pertenço.

Permite-me ser frágil e ajuda-me a ser forte.

Permite-me ser sensível e impulsiona-me a ir em frente.

Senhor!

Tal qual Jeremias, muitas vezes, sinto que não sei falar. Não sei ir adiante. Sinto-me frágil.

Sei que me fortaleço em Ti. Mas, às vezes, esqueço-me de conversar Contigo.

Perdão, Senhor! Não quero chegar junto a Ti apenas para pedir. Apenas para gritar por socorro.

Senhor!

Quero Te agradecer por esta oportunidade de trabalhar com gente. De ser gente. De ajudar todos os que passam por mim a serem um pouco melhores. Mais felizes.

Obrigado, Senhor! Hoje e sempre. Obrigado, Senhor!

Amém!

6ª oração:
Do estudante

Aprender é um dom precioso. Desde o primeiro dia aqui, estou aprendendo. Os professores ensinam as lições. Lições são aprendidas nos livros, lidos e relidos. Lições são ensinadas nos trabalhos, nos projetos. Lições são partilhadas na delicada arte de conviver.

Cada estudante traz em si um grande tesouro. Ninguém é tábula rasa. Ninguém é vazio. Somos todos gigantes em potencial. Aqui, chegamos e começamos. Começamos a manifestar quanto temos para oferecer. Quanto temos para receber.

Somos rebeldes, Senhor! Alguns manifestam uma agressividade desmedida. Não são maus. São carentes. Desejosos de atenção. Contestam sem o menor motivo, apenas para afirmar sua presença. Sofrem da falta de atenção. Sofrem da falta de família. Sofrem da falta de sonho.

Somos rebeldes. Muitos têm a boa inconformidade com as injustiças e ousam mudar o mundo. Mesmo que seja o mundo da escola ou o da sala de aula. São revolucionários de uma boa causa. Oferecem o vigor da juventude para lutar por um novo amanhã.

Somos diferentes, Senhor! Carregamos em nossa memória a bagagem depositada desde os primeiros instantes de convivência. Mãe, pai, irmão, irmã, avô, avó, tio, tia, primo, prima, amigos. Há um pouco de cada um em cada um de nós. Somos produtos do meio. E o meio que nos molda não anula nossa identidade.

Eis o desafio do estudante sonhador: empreender uma batalha diária entre o mundo exterior e o mundo interior. Aproveitar o que há de bom fora de nós e transformar o que deve ser transformado, buscando a força que nos habita.

Somos estudantes. Corajosos, cheios de charme e de vida. Somos jovens. E não nos preocupamos muito com o que há de vir. Não pensamos, ainda, no envelhecimento, na morte. Parece tudo tão distante. A estrada está apenas começando, e o horizonte parece não ter fim.

E é essa valentia que, às vezes, nos faz inconsequentes. É essa valentia que nos lança a uma busca incessante por liberdade. E quantas vezes essa busca desemboca em becos sombrios! A liberdade se faz armadilha e, na viagem sem volta, nossa inocência se dissipa. Drogas que nos oferecem. Droga de vida transformada pela falta de coragem de dizer "não".

Buscamos o prazer. Buscamos a aceitação. Temos esta necessidade: ser aceitos, acolhidos. Queremos nossa tribo, nosso grupo. Queremos ser ouvidos. Empunhamos bandeiras. Ora corretas, ora erradas. Temos o direito de errar. Aprendemos com esse direito. Não temos o direito de acabar com a possibilidade de ter direito.

Nossa vocação é a liberdade. As carrancas da escravidão não podem impedir o voo do pássaro. Nascemos para voar. O infinito é nossa vocação. Quanto mais caminhamos, mais sedentos de caminhar ficamos. Eis nosso ofício: transformar o que deve ser transformado e nunca deixar de cantar e de fazer poesia e de amar.

Tu és, Senhor, nosso modelo de juventude. Tua vida foi a síntese da revolução do amor. E é o amor que nos move. Fazemos tudo pelo amor e em busca do amor. Amor que, quando nos invade, impede que sigamos para a morte. Queremos nos deixar invadir por esse amor.

Queremos o Teu amor. Amor-paz. Amor-caridade. Amor-vida. Eis o segredo de nossa eterna juventude. Eis o que pede nossa alma de estudante. O aprendizado que vem dos livros e dos tratados um dia será esquecido. O aprendizado que vem do olhar, do sorrir, do amar, do viver, fica para sempre. E fará com que permaneçamos jovens.

Obrigado, Senhor, porque me deste tempo e disposição para, em meio ao vulcão que assola meus pensamentos, fazer esta oração.
Amém!

7ª oração:
Do aluno apaixonado
(ou da paixão não correspondida)

Senhor!

Hoje, estou triste. Meu coração dói, comprimindo o peito.

Sinto-me tão pequeno, tão carente. Sinto-me desamparado.

Chorar, já chorei tudo o que podia. Mas há um buraco dentro de mim que teima em não fechar. E como isso me angustia!

Tu sabes, Senhor, quanto estou apaixonado. Sabes o tamanho do meu desejo em estar com quem amo. E sabes, também, do sentimento de rejeição, de pequenez, que toma conta de mim. E eu, a cada dia, peço para não mendigar afeto. Mas não consigo.

São noites que passo em claro. Não sei se é imaginação ou sonho. Quando amanhece, não sei se dormi ou se fiquei a projetar imagens em minha cabeça. Mas acordo triste. Triste por saber que meu amor não me ama. E, por mais que eu

tente encontrar razões, não consigo. Só fico a me perguntar: por quê? Por que não?

Já fiz de tudo. Primeiramente, criei jogos de sedução. Depois, acabei revelando-me. Chorando, disse tudo o que sentia. Falei do hoje, do amanhã. Fiz planos para uma vida inteira juntos. E, como resposta, nada ouvi. Apenas um olhar de compreensão e um gesto como a dizer que, com o tempo, o sentimento passa. E aí me arrependi, e briguei, e me arrependi de novo, e me desculpei. E, de tentativa em tentativa, fui tornando-me vazio. Vazio de mim mesmo.

Senhor! As pessoas me dizem que é assim mesmo. Que o tempo será o meu grande aliado para que esta ferida seja cicatrizada. Mas ninguém sabe me dizer quanto tempo será necessário para que, um dia, eu acorde, abra a janela, contemple a luz do céu e me sinta feliz. Quero esquecer, Senhor! Mas eu me sinto frágil. É tão triste o sentimento de rejeição. Quero esquecer, Senhor.

Talvez, este meu problema não seja tão grande para a humanidade. Há tantas pessoas que sofrem por coisas piores! Eu tenho tudo. Tenho saúde. Tenho juventude. Tenho a vida toda pela frente. Mas hoje... hoje tenho de ser honesto. O meu sentimento é o de que não tenho absolutamente nada. E o de que a vida não faz o menor sentido.

Há momentos em que me arrependo de ter começado a amar. Mas acho que não foi decisão minha. Surgiu. Veio do nada. Veio de um olhar. De um tom de voz. De um sorriso. De um abraço. Veio de um encontro que, num instante, me fez sentir totalmente diferente. E um frio na barriga começou a me acompanhar, e eu comecei a mudar a cada dia. Lutei para ficar mais bonito. Para cuidar dos pequenos detalhes. Para chamar a atenção, parecendo estar natural. Lutei tanto para que minha presença fosse agradável! Lutei tanto para que meu amor protegesse, envolvesse, acalentasse! E nada. Somente o silêncio de quem, talvez, tenha outro amor.

Muitas vezes, fiquei a me perguntar se não estaria usando a estratégia errada. Por vezes, culpei a timidez. Inventei histórias em minha cabeça para justificar o amor não amado. Mas agora, Senhor, quero voar em direção a outros horizontes. Pelo menos, hoje. Pelo menos, neste instante. Eu sei, Senhor, que o infinito é infinito. E é por isso que Te peço forças. Minhas asas não podem ficar enrijecidas pela dor do amor. É preciso que eu recupere o poder de voo. E que eu vá adiante. Eu já existia antes de começar a viver este amor. E tenho a certeza de que continuarei a existir depois, quando ele se for. E é por isso que quero voar.

Quero voar, Senhor, e, durante o meu voo, poder contemplar tudo quanto ficou esquecido durante esta minha passagem por um ninho que não me deu guarida. Não quero ter ódio. Não quero desejar o mal. Só quero seguir meu voo. E permitir que o pássaro também continue o seu voo. Infelizmente, voaremos separados. Cada um cumprindo o seu ofício. Cada um vivendo o seu sonho. Cada um obedecendo ao seu sentimento ou, talvez, tentando controlá-lo. Enfim, o voo não acabou.

Agora, estou um pouco melhor, Senhor. Tenho a certeza de que me ouviste. A dor ainda não passou. A paixão teima em me fazer companhia e em soprar nos meus sentimentos alguma esperança. Não quero ter esse tipo de esperança. Quero recuperar o meu voo e ir adiante. Quem sabe, neste lindo horizonte, algum pássaro queira me fazer companhia, e o que hoje eu sinto será apenas a lembrança de uma dor profunda, que não existirá mais.

Obrigado, Senhor! Obrigado pelo dom do amor. Pela capacidade de amar intensamente e pela capacidade de sofrer. Obrigado, Senhor! Obrigado por eu poder ser inteiro nos meus sentimentos. Antes isso do que a sensação de nunca ter amado, de nunca ter sofrido, de nunca ter existido. Este vendaval é violento, mas me faz sentir vivo. E isso é bom. Já estou um pouco melhor. Pelo menos agora, estou melhor. Amanhã, quando a dor voltar, lembrarei de Ti e melhorarei um pouco mais. Até o dia em que as grades desta paixão me libertarem, para eu, talvez, cair em outras. Mas quem sabe, da próxima vez, o encontro seja mais belo, e a flechada de Eros atinja os dois corações. E terei forças para esperar a dor passar e para ver o amor ressurgir.

Amém!

8ª oração:
Do aluno ausente

Senhor!
Estamos tristes. Sabemos que a vida nos foi dada de presente e que não temos o direito de nos revoltar quando ela se acaba. Sabemos que, um dia, todos nós iremos nos despedir deste mundo. Isso, nós sabemos. A hora, jamais imaginamos. E, mesmo assim, estamos tristes.

Tristes pela ausência doída de um jovem que não mais convive conosco. Tristes porque fomos prematuramente privados da sua presença, da sua alegre presença. Sentimos a dor da separação e choramos. Choramos porque temos a consciência de que nunca mais o encontraremos nesta escola.

Temos fé, Senhor! Sabemos que a vida continua. Não sabemos muito bem onde nem como. Mas temos fé. Tu nos criaste para a eternidade, e Teu imenso amor nos mantém vivos para todo o sempre. Tu nos criaste para a plenitude da vida, e a morte não é capaz de nos destruir. Tudo isso nós sabemos, mas estamos tristes.

Olhar a carteira vazia dá saudade. Lembrar das brincadeiras, do convívio, do olhar. Aquele olhar, que não mais está aqui, dá saudade. Lembrar de acontecimentos que ocorreram ontem — e que não poderão se repetir amanhã — dá saudade. E não há o que fazer. Não temos o poder de fazer o tempo voltar. Não temos como reviver alguns momentos que poderíamos ter vivido com mais intensidade, para aproveitar melhor aquela suave presença. Agora, é tarde. O que passou, passou. E estamos tristes.

Pensar na família. Como é doída a dor da separação. O quarto vazio. A cama arrumada. Eternamente arrumada. O guarda-roupa cheio, ainda. O cheiro que ocupa os espaços. Daqui a pouco, só restará a lembrança. A dor da mãe. A dor do pai. E a ferida que teima em não cicatrizar. O sonho de achar que é tudo um sonho, que amanhã ele reaparecerá, que tudo voltará a ser tão bom quanto antes. Mas é sonho. E é isso que nos deixa tristes.

Porém, nossa tristeza não é de revolta. Que bom que temos fé. E é nessa fé que entregamos nosso irmão amado ao Teu eterno coração, para que ele esteja na plena felicidade, vivendo no reino da promessa. Que ele esteja com Tua Mãe. Que, no singelo colo materno de Maria, o sorriso de nosso irmão encontre a razão da existência. A fé e a esperança, como diria São Paulo, já terão cessado. Mas o amor continuará para sempre, alimentando a vida eterna.

Obrigado, Senhor, pelo tempo de convivência. Obrigado, Senhor, pelo sentimento. Se sentimos tristeza, é porque amamos e, se amamos, é porque vives em cada um de nós. Obrigado, Senhor!

Amém!

9ª oração:
Do aluno especial

Senhor!
Tua criação é perfeita.
Todos os dias, podemos contemplar o milagre da vida renovando-se. Tudo acontece de novo e tudo é absolutamente novo. Cada ser que habita o universo surge com características próprias. Não há, no mundo, duas criaturas idênticas. Nem os gêmeos são idênticos. E, quanto mais se desenvolvem e convivem com outras pessoas, mais vão ganhando um jeito próprio de ser e de existir.
Tua criação é perfeita.
E, nessa perfeição, convivemos com aqueles que têm diferenças. São pessoas que ouvem menos ou nada ouvem, que enxergam pouco ou nada enxergam, que não falam. Falam de tantas outras maneiras. Que nascem com algum tipo de limitação ou que a desenvolvem ao longo da vida. Isso não os faz menores nem menos belos. São diferentes. Diferentes são todos

aqueles que se aventuram nesta jornada da existência humana.

Alguns escolheram chamá-los "pessoas com necessidades especiais". E eles têm, sim, necessidades especiais. Temos, todos, necessidades especiais, que precisam ser supridas de alguma maneira. Somos carentes, todos nós. Carecemos de atenção, de ternura, de afeto. Carecemos de outros seres humanos que enxerguem em nós possibilidades. Pessoas que, confundindo-nos com patinhos feios, nos convidem a mirar nossas imagens no lago e a perceber que somos cisnes. Não somos feios. Nem esquisitos. Somos diferentes do grupo que não soube perceber nossa beleza. Somos belos, todos. Cada um a seu modo. Porém, belos.

Não carecem de pena aqueles que são limitados por algum motivo. Não carecem de sentimentos mesquinhos. Carecem de dignidade. De aceitação. De respeito. De espaço para que se sintam úteis. De espaço para que possam estudar, e trabalhar, e viver a intensidade da vida. Crianças com síndrome de Down. Como são carinhosas. Autênticas. Quem as conhece e as ama sabe quanto povoam as famílias com belíssimas lições de amor. E abraçam tanto. E cantam. E dançam. E riem. Parecem não se deixar contaminar com disputas mesquinhas, que separam as pessoas e que ferem os sentimentos. Quantas dessas crianças, entretanto, são rejeitadas. Não quiseram os pais entender que também eram especiais por poderem conviver com essas joias. Triste abandono.

Os alunos que frequentam as escolas, as crianças que se alvoroçam diante de cada novo aprendizado, não são preconceituosos. Com certeza, saberão conviver com o diferente, e isso fará com que se desenvolvam de forma solidária. Como é bonito perceber a intenção de presença e a solidariedade dos colegas que se dispõem a empurrar a cadeira de rodas, a ajudar, a ser a luz daqueles que, cheios de luz, não conseguem enxergar o material. Como amadurecem ao conviver com limitações que vão diminuindo à medida que o tempo se torna um grande aliado do aprendizado para todos. Para todos, porque todos são capazes de aprender.

Tua criação é perfeita.

E, nessa perfeição, percebemos as diferenças, convivendo sem barreiras. As que existem são simples de serem transpostas. As mais difíceis são aquelas que teimam em habitar a alma dos que se sentem superiores. Triste sentimento — que não é sentimento, mas ausência dele. Triste discurso o dos pais ou o das mães que, ignorantes de amor, ensinam os filhos a tomarem cuidado com tudo o que for diferente.

Diferente por ter outra cor ou outro tipo de cabelo, por nascer em outro estado ou país, por comungar de outra religião, por ter menos dinheiro no banco. Esses pais e essas mães são os verdadeiros cegos e surdos de espírito. Têm todos os sentidos e, no entanto, o que sentem não faz o menor sentido.

Tua criação é perfeita.

E é nessa harmonia que faço esta oração. Que ninguém se sinta diminuído, ou excluído, ou marginalizado. Que ninguém se sinta sozinho por falta de amor. Que ninguém se dê o direito de magoar. E que ninguém seja magoado.

Tua criação é perfeita.

E é nessa perfeição que agradeço, Senhor, o dom da sensibilidade de perceber que é muito bom viver no mundo dos diferentes. Isso nos faz mais humanos, e sensíveis, e felizes. E isso nos faz sentir ainda mais Tua única e diferente presença, a cada instante de nossas vidas.

Amém!

10ª oração:
Do professor ausente

Senhor, nosso Pai, a morte faz parte da vida. A morte é uma passagem para a plenitude. Aqui, viemos para viver e para morrer. Aqui, viemos para alimentar nossa alma e para prepará-la para a eternidade. Somos muito crianças na fé para entender a complexidade da vida eterna. Mas queremos ter fé. Queremos viver a vida com a generosidade necessária para que o amor nos salve. Experienciamos, aqui, o reino de amor em cada boa ação que fazemos e, por isso, somos felizes.

A morte faz parte da vida. Tu morreste por nós, ó Jesus. Teu sacrifício foi e é o grande sinal de uma vida que não tem fim. Tua humildade Te fez grande. Teu amor foi maior do que tudo e, hoje, podemos cruzar o rio, alcançar o outro lado, porque a ponte já foi construída. É preciso apenas querer. É preciso caminhar na direção do sumo bem.

A morte faz parte da vida e, hoje, vivemos a dor da separação de um professor tão querido, tão especial. Nestes corredores, nestas salas, os seus ensinamentos ficarão eternizados. Nossa memória será capaz de relembrar os momentos marcantes. Era um maestro, e a orquestra terá condições de continuar a sinfonia. Talvez, com mais dor. Mas, também, com mais realismo. Ele está, agora, em luz. Presente. Sempre presente.

As pessoas queridas deixam marcas indeléveis. Sua morte é apenas uma separação de corpos. Estarão sempre aqui. E, por mais dura que seja a separação, resta a esperança de um encontro feliz, num dia em que não haverá mais choro, nem doença, nem dor, nem violência, nem necessidade alguma. No dia em que o amor eterno puder triunfar plenamente. Para isso fomos criados, e é esta a estrada que percorremos. Às vezes, temos medo, e é natural. Há tantos mistérios no universo que o nosso humano conhecimento não é capaz de perceber! É preciso enxergar com os olhos da fé.

Senhor, temos fé. E é nessa fé que pedimos: cuida de nosso professor. Permite que ele esteja face a face Contigo. Permite que sua eterna jornada seja acolhida pela Tua bondade. Aquele mesmo pedido que o bom ladrão fez ao Teu lado, na cruz, nós renovamos. E aguardamos a mesma resposta. Que, ainda hoje, ele esteja Contigo no Paraíso.

Senhor, temos fé, mas pedimos: aumenta nossa fé. Este mundo tão movimentado, tão materialista, muitas vezes retira de nós aquela confiança que faz com que uma criança se jogue, sem medo ou sem dúvida, no colo do Pai. Queremos nos lançar no Teu colo, Senhor! Sem medo de cair. Sem medo de morrer. Queremos nos lançar no Teu colo, Senhor, na certeza de que é para isso que nascemos e estamos aqui.

Amém!

11ª oração:
Do medo de não aprender

Senhor!

No silêncio desta conversa, quero Te revelar algo que sei que já sabes. Tenho medo, Senhor. Não sei por que me sinto envergonhado de não aprender. Tenho tantas dúvidas. Muitas vezes, fico a ouvir o que dizem os professores e parece que não tenho inteligência suficiente para acompanhá-los. E fico triste. E me sinto diminuído.

Desde criança, tenho medo de não aprender. Não sei se eu me comparava aos meus amigos que sabiam mais do que eu. Não sei se eram meus pais que esperavam mais do que eu podia dar. Não sei se era coisa minha mesmo. Só sei que é triste a sensação do não saber e, ainda pior, a do não conseguir aprender. Parece que há um véu que cobre minha inteligência e que me impede o saber.

Sei que meus pais esperam muito de mim. Sei que meus professores também torcem para que eu consiga vencer os obstáculos. Mas, a cada avaliação, vem um medo imenso de não dar certo.

Além de tantos outros que me habitam. Medo do vestibular. Medo da faculdade. Medo de que, um dia, quando estiver trabalhando, eu não corresponda ao que as pessoas esperam de mim.

Acho que meu grande problema é esta carência, que faz com que eu não queira decepcionar ninguém. Tenho medo de que descubram que nada sei e de que, por isso, não gostem mais de mim ou não me acolham. Sei que as pessoas gostam dos vencedores e acho que não nasci para vencer. Se tivesse nascido para vencer, seria mais inteligente, mais rápido, saberia mais das coisas. Mas não é isso que sinto.

Muitas vezes, noto que pessoas que estão ao meu lado têm pena de mim. E isso me dá ainda mais tristeza. Parece que descobriram que pouco falo para que não percebam quanto sou ignorante. E, quando vejo amigos meus falando e encantando, juro que me dá uma ponta de inveja. Por que será que não recebi os mesmos talentos? Por que será que não nasci com esse dom de falar, e de escrever, e de ser rápido na solução dos problemas? Por que será que sou diferente dos outros?

Eu não quero muito, Senhor! Não sonho em ser um novo Einstein, ou Mozart, ou Fernando Pessoa, ou Alexandre, o Grande. Não sonho em ser um gigante que a história venha a imortalizar. Sonho em ser eu mesmo, apenas um pouco melhor. Apenas um pouco mais seguro de que, no meu rincão, eu possa ser feliz e fazer feliz o outro. Sei que ninguém dá o que não tem. É preciso deixar brotar em mim essa semente do conhecimento, para que eu possa, ao me livrar da ignorância, ajudar mais as outras pessoas. Hoje, sinto que não consigo ajudar ninguém, porque tenho medo. Medo de dizer alguma coisa errada. Medo de ser mal compreendido. Medo de não ser ouvido. O que teria a dizer quem sabe tão pouco?

Quando recebo minhas notas, sinto uma angústia enorme. E o pior é ter de responder aos meus colegas, é ter de dizer quanto tirei. É ter de tornar público o meu fracasso. A minha ignorância. E, quando chego em casa, às vezes minto, para que não tenham pena de mim aqueles que me trouxeram ao mundo. Sei que sabem que eu pouco sei. Mas nos enganamos mutuamente. E isso não é correto. Nem me faz bem.

Senhor, quero mudar. Quero que me ajudes a encontrar em mim razões para acreditar. Eu não posso ser tão limitado. Ninguém é tão limitado que nada aprenda. Deve haver alguma força em mim que me conduza para fora e que me ajude a ser alguém. Tu não me criaste para viver na ignorância ou na incerteza. Talvez seja eu que ainda não entendi o que preciso entender. Sem confiança em mim mesmo, ficarei dentro da caverna, com medo da luz. Tenho medo de que a luz me cegue e, talvez, por isso, eu me esconda. Mas não quero mais me esconder. Quero saber que sei. E quero ter a liberdade de não viver a vida toda com medo de decepcionar aqueles que me amam. Se me amam, continuarão a me amar. E, se não me amam, que fiquem eles com suas expectativas. Quero viver minha vida e existir caminhando com meus pés.

Senhor, ajuda-me! Se fui criado à Tua imagem e semelhança, sou inteligente e posso aprender. Se fui criado à Tua imagem e semelhança, posso ter segurança, e amar, e ser feliz. Obrigado, Senhor! Acho que já encontrei o começo da longa resposta que busco nesta vida.

Amém!

12ª oração:
Da escola

Obrigado, Senhor, pela minha escola!

Ela tem muitos defeitos. Como todas as escolas têm. Ela tem problemas e sempre terá. Quando alguns são solucionados, surgem outros e, a cada dia, aparece uma nova preocupação.

Neste espaço sagrado, convivem pessoas muito diferentes. Os alunos vêm de famílias diversas e carregam com eles sonhos e traumas próprios. Alguns são mais fechados. Outros gostam de aparecer. Todos são carentes. Carecem de atenção, de cuidado, de ternura.

Os professores são também diferentes. Há alguns bem jovens. Outros mais velhos. Falam coisas diferentes. Olham o mundo cada um à sua maneira. Alguns sabem o poder que têm. Outros parecem não se preocupar com isso. Não sabem que são líderes. São referenciais. Ou deveriam ser.

Funcionários. Pessoas tão queridas, que ouvem nossas lamentações. E que cuidam de nós. Estamos juntos todos os dias. Há dias mais quentes e outros mais frios. Há dias mais tranquilos e outros mais tumultuados. Há dias mais felizes e outros mais dolorosos. Mas estamos juntos.

E o que há de mais lindo em minha escola é que ela é acolhedora. É como se fosse uma grande mãe, que nos abraçasse para nos liberar somente no dia em que estivéssemos preparados para voar. É isso. Ela nos ensina nossa vocação. O voo. Nascemos para voar, mas precisamos saber disso. E precisamos, ainda, de um impulso que nos lance para esse elevado destino.

Não precisamos de uma escola que nos traga todas as informações. O mundo já cumpre esse papel. Não precisamos de uma escola que nos transforme em máquinas, todas iguais. Não. Seria um crime reduzir o gigante que reside em nosso interior. Seria um crime esperar que o voo fosse sempre do mesmo tamanho, na mesma velocidade ou na mesma altura.

Minha escola é acolhedora. Nela, vou permitindo que a semente se transforme em planta, em flor. Ou permitindo que a lagarta venha a se tornar borboleta. E sei que, para isso, não preciso de pressa. Se apressarem a lagarta a sair do casulo, talvez ela nunca tenha a chance de voar. Pode ser que ela ainda não esteja pronta.

Minha escola é acolhedora. Sei que não apreenderei tudo aqui. A vida é um constante aprendizado. Mas sei também que, aqui, sou feliz. Conheço cada canto deste espaço. As cores das paredes. Os quadros. A quadra. A sala do diretor. A secretaria. A biblioteca. Já mudei de sala muitas vezes. Fui crescendo aqui. Conheço tudo. Passo tanto tempo neste lugar. Mas conheço mais. Conheço as pessoas. E cada uma delas se fez importante na minha vida. Na nossa vida.

E, nesta oração, eu Te peço, Senhor, por todos nós que, aqui, convivemos. Por este espaço sagrado em que vamos nascendo a cada dia. Nascimento: a linda lição de Sócrates sobre a função de sua mãe, parteira. A parteira que não faz a criança porque ela já está pronta. A parteira que apenas ajuda a criança a vir ao mundo. E faz isso tantas vezes. E, em todas as vezes, fica feliz, porque cada nova vida é única e merece todo o cuidado.

Obrigado, Senhor, pela minha escola! Por tudo o que de nós nasceu e nasce neste espaço. Aqui, posso Te dizer que sou feliz. E isso é o mais importante.

Amém!

13ª oração:
Do início das aulas

Deus, meu Deus. Autor da vida. Senhor da História. Estamos juntos em oração. Juntos como determinaste. E, juntos, sentimos a Tua presença e consagramos este novo ano. E, juntos, pedimos-Te que possamos ser fiéis à nossa vocação.

Que neste novo ano, Senhor, os professores se lembrem da vocação de ensinar. Que sejam tocados pelo Teu amor, para que possam partilhar amor. Que estejam entusiasmados, cientes do sublime papel de tocar a alma dos alunos e de ajudá-los a entender que vale a pena ser bom, que vale a pena aprender, e aprender sempre, para que sejam, ao mesmo tempo, mais sábios e mais humildes.

Que neste novo ano, Senhor, os alunos estejam mais receptivos. Que se abram para a eterna novidade da vida, da amizade, do amor. Que, nas salas de aula, o Teu espírito esteja presente, tocando o coração de todos eles, sem distinção. E que a carência que venha de famílias ausentes seja amenizada nestes espaços de luz.

Que, neste novo ano, cada funcionário se regozije em sua missão. Que ninguém se sinta diminuído e que o respeito seja o guia de cada relação. Que a arrogância não encontre eco nestes espaços. Que a prepotência dê lugar ao olhar singelo de todos os que precisam aprender. E Tu sabes, Senhor, que todos, sem distinção, precisam aprender.

Que, nesta escola, um clima de harmonia possa reinar. Que cada canto e recanto seja abençoado. Que os acidentes sejam pequenos e que não retirem o sorriso e o encanto das pessoas que aqui vêm para exercitar a arte e a missão de construir a felicidade. Que sejamos todos acolhedores e que nos sintamos todos acolhidos por estarmos juntos aqui.

Que os pais possam estar mais presentes. Que se lembrem de que são os primeiros educadores e de que não podem transferir à escola o seu papel de condutores de toda a vida. Que os pais se amem. Que a violência não encontre guarida na casa de nossos alunos. Que a serenidade vença a agressividade e que o amor jamais tire folga.

Senhor, abençoa este novo ano! Queremos renovar nossa fidelidade ao Teu chamado. Queremos renovar nossa disposição de viver a vida a serviço de uma grande causa, da causa do amor.

E que o amor, esse sentimento divino e humano, esse sentimento que sintetiza Tua essência, nossa essência, seja a razão de estarmos aqui.
    Amém!

14ª oração:
Do final de ano

Mais uma etapa se encerra, Senhor. O convívio valeu a pena. O aprendizado abriu novos horizontes. Viajamos em tantas áreas da Ciência. Conhecemos tantos períodos da História. Viramos cientistas. Atletas. Malabaristas na arte de viver. Desvendamos segredos das Exatas. Tornamo-nos mais sensíveis. E chegamos vivos até aqui.

Alguns se despedem e partem para uma nova seara. Cresceram. Amadureceram. Mudaram de tamanho e de estatura política. Vão navegar em outros mares. Outros voltarão no ano que vem. Virão com novas histórias para contar. Virão carregados de expectativas. E tudo retornará ao seu curso. E tudo será diferente. Nada se repete.

O final de um ano é momento de reflexão. É um corte no tempo, para que se possa rever tudo o que se viveu. É uma pausa. No turbilhão da vida, às vezes, é preciso parar. Parar e pensar. E há muito para pensar. O ano passa rapidamente, mas passa carregado de acontecimentos, que ora surpreendem, ora alimentam a rotina. Parar e até mesmo lamentar o que ficou faltando. Lamentar os projetos não executados, as promessas não cumpridas.

É tempo de novas promessas. É tempo de renovar aquelas que parecem ter sido prometidas tantas vezes e que ainda não alcançaram a realização. Não importa. O pior é deixar de planejar. É deixar de sonhar. E o novo ano não pode começar sem sonho. Senão, nasce velho. Nasce embotado.

Senhor, vivemos juntos mais um ano. E como isso foi bom! Tivemos, sim, problemas. Algumas separações. Algumas quedas. Mas estamos aqui. E temos de agradecer por estarmos vivos, juntos, dispostos a recomeçar. Não queremos o desânimo dos que acham que tudo será como sempre foi e que novidade é coisa de romântico. Se for, queremos ser românticos. Queremos um coração capaz de vibrar. Queremos a fortaleza dos que não se abatem e a sabedoria dos que experimentam o novo sempre com um singelo sorriso.

Senhor! Obrigado por todos os meses deste ano que passou. Obrigado pelos dias mais quentes do verão. Obrigado pelo frio do inverno. Obrigado pela poesia da primavera, pela luz do outono. Obrigado pelos finais de semana e pelos dias da semana. Obrigado pelo amanhecer e pelo entardecer. Obrigado pelos problemas todos e pela disposição para superá-los. Obrigado pelas feridas e pelas cicatrizes. Obrigado, Senhor!

Sei que o novo ano virá e trará suas próprias preocupações. Há muito a fazer para que o mundo seja melhor. Quem sabe, no ano que virá, não se convertam em realidade as utopias que nos alimentam. Quem sabe, com forças renovadas, sejamos capazes de lutar com mais galhardia pelos ideais que temos. Quem sabe tenhamos mais fé, mais força e mais amor. Quem sabe o céu esteja mais estrelado nas noites de lua cheia.

Obrigado, Senhor! Graças ao milagre que é viver, no ano que vem, prosseguiremos, sonhando e realizando.

Amém!

15ª oração:
Da formatura

Chegou o grande dia, Senhor. Chegou o dia da despedida. Do troféu. O troféu é o nosso diploma. Com ele, descortinam-se novos caminhos. Caminhos que serão percorridos de acordo com a vocação e com as escolhas de cada um. Chegou o dia do fim. O dia do começo.

E, como em todas as formaturas, é dia de gratidão. Gratidão a Ti, meu Deus. Autor da vida e de tudo o que existe. Gratidão aos pais, aos professores, aos funcionários, aos amigos. E a todas essas pessoas que foram afinando as vozes para que o coro pudesse entoar sua canção. A canção está pronta. É só começar o espetáculo. A cada espaço de tempo, um sinal era tocado para que as pessoas se preparassem para o momento da estreia. A estreia é hoje. Tudo já foi ensaiado. É claro que sempre falta um detalhe, aqui ou ali. Mas tudo está pronto para começar. E a vida aguarda os novos artistas. E o mundo está sedento do talento desses jovens, que saem da gruta sem medo de enfrentar as feras que surgirão pelo caminho. Estão armados. Por que ter medo? Armados de valores, de conhecimento, de amor. Armados para derrotar o que deve ser derrotado e fazer tremular, no mais alto mastro, a bandeira da vida, iluminada com o sinal da paz.

O tempo passou rápido demais. No começo, movia-se devagar. Os primeiros dias. Os primeiros contatos. Tudo era novidade. Cada novo movimento parecia difícil de ser aprendido. As notas foram ganhando sonoridade. O som agradável foi contagiando toda a escola. E os estudantes foram crescendo, tal qual a aurora que todos os dias ilumina amanheceres em todos os rincões do mundo. E a luz que vinha das conversas, dos risos, das pequenas discussões fazia da escola um espaço de magia. E todo o reino era tomado por um sentimento único de esperança. Aliás, no reino encantado da escola, os príncipes e as princesas têm o dever de ensinar a sonhar. Apenas isso — e nada mais. E isso já é o bastante.

O sonho está mais vivo do que nunca neste dia. A caverna já cumpriu sua missão. Não é possível mais viver em seus seguros espaços. É preciso sair para o mundo. É preciso deixar na caverna tantos momentos lindos que marcaram nossa história. Toda a cumplicidade dos maestros que lá estavam e que anunciavam a luz que nos aguardava. É preciso levar da caverna os sentimentos corretos. A determinação de não nos acomodarmos com o que está acontecendo de errado. Aprendemos que nunca devemos negligenciar os nossos valores, os nossos ideais. E seremos fiéis a essa vocação.

Hoje é o dia da formatura. E a emoção deste dia tem de ser um marco que nos proteja do crime da acomodação e da apatia. Que a juventude que temos seja eterna e que o desejo de mudar o mundo saia da utopia e habite a realidade.

Esta é a nossa oração. Este é o nosso intento amoroso. Estamos prontos. Saudosos de um passado recente. Mas prontos. Podem abrir as cortinas. O espetáculo vai começar. Proteja-nos, Senhor, nesta e em todas as nossas apresentações. Não podemos desafinar.

Assim seja!

16ª oração:
Do conhecimento

O conhecimento, Senhor, é um norte que ajuda a encontrar e a percorrer a estrada da vida.

O conhecimento é um caminho para se chegar à sabedoria.

O conhecimento é um motor que move os sentimentos e que controla as tempestades.

O conhecimento é um dom e um ofício. Dom, porque o recebemos de Ti. Ofício, porque é preciso que saibamos todos os dias alimentá-lo com nosso esforço e com nossa determinação.

O conhecimento é um trunfo para que saibamos amar todas as pessoas, sem que nos importemos com o fato de elas serem absolutamente diferentes de nós. Se há ódio por outro povo, por outra etnia, se há intolerância por outra cultura, basta que se saiba como são, como vivem, o que amam, e o horizonte se amplia.

O conhecimento é amigo. Amigo permanente, que nos torna livres da dependência constante de intérpretes. Nós sabemos, e isso nos dá segurança para acreditar nas nossas crenças e para sonhar os nossos sonhos.

O conhecimento é humilde. Quanto mais se conhece, mais se percebe quanto falta para alcançar o topo do monte. Lugar que talvez nunca seja atingido, embora isso não nos dispense da subida.

O conhecimento é simples. E, nessa simplicidade, percebe-se que, além da cultura que vem dos livros, é preciso contemplar a tradição de tantos e de tantas que atingiram a sabedoria sem nunca ter chegado ao título de doutor. São doutores da vida, e de vida intensa.

O conhecimento é sedutor. É envolvente saber que, a cada dia, uma nova lição pode ser aprendida. O barco está no oceano, e não há rotina. Todos os dias, é preciso ir em direção a algum lugar. As ondas são ora tranquilas, ora gigantescas. Os peixes que fazem companhia vão mudando. Os perigos se avizinham. Mas o barco continua sua trajetória.

O conhecimento é livre. Viver com as amarras da superstição, dos medos todos que enfeitiçam nossa alma, é desrespeitar a nossa própria inteligência. E a liberdade é uma vocação natural daqueles que não querem viver consultando coisas que não tenham sentido e que os diminuam.

O conhecimento é divino. Tu és a essência do conhecimento. Nossa inteligência nasce da Tua inteligência. Nossa sabedoria só se faz sabedoria se encontra a Tua. Tu és o Artista perfeito, Tu nos moldaste para que pudéssemos, cada um a um modo, buscar o conhecimento e viver com dignidade, porque somos livres. E, às vezes, por preguiça ou por desconhecimento, navegamos em outros mares e experimentamos a infelicidade.

Abençoa, Senhor, os Teus filhos, que precisam conhecer mais e melhor. Retira de nós as amarras que nos impedem a sabedoria do ofício de viver. Retira de nós o medo do novo. Retira de nós a arrogância de quem acha que nada mais é preciso aprender e de quem se sente dono da verdade. São esses paradigmas que, como travas, nos impedem de evoluir. E nós nascemos para a evolução. Assim, viveram os santos. Buscaram, sem descanso, a santidade. Assim, viveram os perfeitos. Buscaram, de igual forma, a perfeição.

Que o conhecimento nos aproxime de Ti. E que, conhecendo, acreditemos ainda mais que tudo existe por Ti e para Ti.

Assim seja!

Orações
pela família

17ª oração:
Do pai

Senhor!
Eu Te agradeço pela dádiva de ser pai.
Agradeço-Te por ver meu filho, a cada dia, aprendendo algo novo.
É tão lindo vê-lo chegar da escola. Olhos entusiasmados. Mochila nas costas.
É tão lindo contemplar o seu sorriso maroto. E saber que posso ser um instrumento para o seu crescimento.
Senhor!
Eu Te peço que nunca permitas que eu negligencie minha missão de pai. Tu sabes de todas as minhas atribuições. O difícil mister de sustentar a família. O árduo trabalho, que exige tempo, cuidado, preocupação. Tu sabes do cansaço que tenho quando chego em casa. É difícil deixar os problemas no trabalho. Os medos, a insegurança. E eu sou sozinho nestes pensamentos que me tomam. Não quero deixar preocupada minha família. E isso, às vezes, torna-me fechado em meu mundo.

Senhor!

Que eu saiba dizer "sim" e dizer "não". Que eu não tenha a presunção de ser um super-herói. Que eu me permita ser frágil e partilhar com o meu filho minha fraqueza. E que essa autenticidade nos ajude a construir uma família sem máscaras. Que o meu filho se sinta feliz em casa, que tenha a liberdade de perguntar e de falar. Que se sinta à vontade para sorrir e para chorar. Que tenha o direito de ser autêntico.

Senhor!

Peço-Te, ainda, o dom da paciência. Sei que a violência não educa ninguém, mas sei também que preciso perseverar no intento amoroso de tocar a alma do meu filho e, por meio de exemplos e de palavras, de ajudá-lo a ser melhor. Exemplos falam tanto, falam tão alto. Exemplos ficam para sempre. E é esse o legado que quero deixar. Sei que o dinheiro que eu hoje aquinhoar amanhã poderá não mais existir. Sei que os presentes materiais serão perdidos, ou estragados, ou abandonados em algum lugar. Sei que o que fica, que o que é essencial, é a lembrança de quem nunca desistiu de ensinar o que é certo. Sei de tudo isso, mas Te peço, Senhor, que eu nunca me esqueça do que hoje sei.

Cuida do meu filho. Cuida do Teu filho. Cuida do presente que me deste e que é Teu. Que, a cada dia, ele se encha de graça e de luz. E que, também, ele tenha a humildade de nunca deixar de fazer sua oração.

Amém!

18ª oração:
Da mãe

Eu fui escolhida por Ti, Senhor! Fui escolhida para gerar vida, para ser mãe. Fui escolhida como instrumento de um milagre que acontece milhares de vezes, todos os dias, em todos os lugares do mundo. E que, ao mesmo tempo, é único. Cada nova criatura é única. E isso me faz muito feliz!

Lembro-me da minha gravidez. Dos últimos meses. Lembro-me de quando ficava ansiosa, pensando que amaria tanto a nova criaturinha que estava crescendo em mim. Eu já sabia que tudo na vida seria diferente. E foi. Sempre fui uma mãe atenta. Cada detalhe. O primeiro abraço, e eu ainda um pouco sonolenta da anestesia. A primeira amamentação. E eu me doando. Devotando um pouco de mim àquele que de mim saiu. E o primeiro banho. E o engatinhar. E as primeiras palavras. E o primeiro tombo. E as risadas. E os choros. Como o tempo passa! Parece que foi ontem. E eu vivi a intensidade de todos esses momentos.

Lembro-me do primeiro dia de aula. Ele todo arrumadinho. E um aperto no meu coração ao ter de ir embora. Mas o acompanhei. Fui buscá-lo depois. Estudei, com ele, todo esse tempo. Contei histórias. Ouvi histórias. Deitei junto, na cama, para fazê-lo dormir. Acalentei-o tantas vezes, em meio a dores que surgem no corpo e na alma. Chorei. Chorei, com ele, quando a primeira namorada disse que não dava mais. Para ele, para o meu filho, o mundo parecia acabar ali. Entendi o seu sofrimento. Sabia que ia passar. Mas sabia também que tinha de respeitar aquele momento. Sofri, com ele, nas primeiras derrotas, mas soube ensinar que a vida é recheada delas e que é preciso ser inteligente para aprender suas lições.

Cuidei para não ficar próxima a ponto de sufocá-lo, mas não tão distante a ponto de abandoná-lo. Aprendi o caminho do meio-termo. Senti-me tantas vezes sozinha; outras, cheia de ciúmes, quando o via sair com os amigos e me deixar em casa. Meu filho já não era meu. E eu precisava compreender que a vida que surgira da minha vida tinha o direito de construir sua história. Tentei não falar demais. Tentei ensinar pelo exemplo e estar aberta para ouvir. Meu sonho sempre foi ajudá-lo a ser feliz.

Não poupei abraços e beijos. Não poupei brincadeiras. Como era bom rolar no tapete da sala! Inventar e reinventar histórias e ouvir dele que começasse tudo de novo. A mesma história. A repreensão, quando eu mudava, aqui ou ali, alguma coisa da trama. Que tempo bom. E os preparativos para as viagens. Viagens curtas, mas repletas de expectativas. Os aniversários. Os bilhetinhos que eu recebia a cada Dia das Mães. Guardei todos. As festas natalinas. A Páscoa. O Carnaval. Tudo passou tão depressa. Mas como foi bom!

Hoje, ele segue sua história. É lindo. Inteligente. É um homem de sucesso. E, mais do que tudo isso, é feliz. E posso testemunhar que todo o amor partilhado não foi em vão. A semente plantada com carinho, regada com cuidado e com atenção, não pode fazer brotar pragas ou ervas daninhas. No jardim da vida, dei a minha contribuição. E valeu a pena. E vale a pena. Hoje, não o vejo com a mesma frequência dos idos tempos de sua infância. Mas sei quanto ele me ama e quanto pensa em mim. Sei o cuidado que tem comigo. Acha que eu virei criança. E, juntos, ainda conseguimos chorar e rir. E nos respeitamos. E o fruto do meu amor espalha amor por todos os lados.

Obrigada, Senhor! Eis a minha oração! Nada tenho a pedir. Só quero agradecer. O milagre da vida continua a iluminar os meus dias e, a cada novo dia, eis-me aqui, pronta para viver. Ofereço-Te a certeza de que viverei com a mesma intensidade, todos os meus dias, até o momento da plena felicidade de estar face a face Contigo.

Amém!

19ª oração:
Do filho

Oi, Senhor! Estou aqui. Estou aqui em oração. Quero Te agradecer. Quero Te agradecer a minha família. Meu pai, minha mãe — meus maiores amores. Quero Te agradecer, pois Tu me fizeste nascer numa família muito legal. Sei que não pude escolher, mas, se pudesse, seria a mesma. A mesma mãe. O mesmo pai.

A gente briga de vez em quando. Sou meio impaciente. Às vezes, um pouco insensível. Não sei por que, muitas vezes, não consigo dizer o que gostaria. Tenho vontade de dizer ao meu pai quanto eu o amo. E não consigo. Tenho vontade de fazer a mesma coisa com a minha mãe, mas, também, não consigo. Gostaria muito de fazer isso. De ser mais carinhoso. Eles merecem. São tão especiais.

Vejo meus amigos reclamando da falta de atenção de seus pais. Tenho amigos que não têm pai. Outros que não têm mãe. Outros que têm os dois, mas não têm nenhum. Vão crescendo sem afeto, sem cuidado, sem presença. E é difícil viver assim.

Só posso agradecer. Minha mãe é a mãe mais carinhosa do mundo, pelo menos para mim. É linda. Adora quando faço um elogio. Ela cuida de mim com tanto zelo! Repara em cada detalhe. Participa da minha vida. Permite-me ser eu mesmo, não exige mais do que posso dar. Ela é cúmplice das minhas dores. É especial. Meu pai é supersimples. É meu referencial. Nunca grita, aliás, nunca eleva o tom da voz. E uma coisa que eu acho linda é o amor entre os dois. São românticos. Um vive querendo agradar o outro.

Os dois mostram-se preocupados com o que estou aprendendo. Não exigem que eu seja o melhor aluno da sala, não querem exibir os meus conhecimentos aos outros. Contam-me que também tiveram dificuldades na escola, que também sentiram medo de não dar certo na vida, que conseguiram superar os problemas e que continuam aprendendo o tempo todo. É muito bom aprender com eles. Muitas vezes, eles tiram as dúvidas que eu tenho; em outras ocasiões, pesquisam comigo. E o legal é quando posso ensinar alguma coisa para os dois. Sinto-me muito feliz. Eles têm a humildade de aprender com o filho.

As crises de moleque ficam mais fáceis. Em casa, não há máscaras, e meus pais sempre me deixam à vontade para falar das minhocas da minha cabeça. Coisas que a gente ouve na escola, na rua. Eles dão uma enorme abertura para que eu possa perguntar e, muitas vezes, retrucar.

Quando eu tenho de chorar, choro. Choro no colo de um ou de outro. Choro por amor não correspondido. Choro porque tenho a sensação de que o mundo vai acabar. O legal é que sou homem e posso chorar. Meu pai não me recrimina por isso, porque, aliás, eu mesmo já o vi chorando várias vezes. E sei que ele é homem, um grande homem.

Senhor, sou jovem. Tenho lá meus problemas, minha rebeldia. Mas quero Te pedir uma coisa: que eu nunca abandone meus pais. Não quero jamais perder o amor e o carinho que tenho por eles. Nós somos uma família e tanto. E eu quero Te pedir que a gente fique junto para sempre, nesta e na outra vida. E que as outras famílias do mundo possam ser legais como a minha. Só assim o mundo vai ser melhor. Se os pais não amarem seus filhos, se os filhos não curtirem seus pais, não sei o que vai acontecer. E, como o mundo foi criado para fazer todos felizes, que as famílias possam ser tocadas em seu coração e compreender que o caminho da felicidade começa no amor, passa pelo respeito, pela amizade, pelo limite, e termina... bem, acho que não termina nunca, porque o que começa com amor não pode ter fim.

Senhor, abençoa meus pais.

Amém!

20ª oração:
Do avô

O tempo passa. Isso, já Te disse muitas e muitas vezes. Faz tempo que não me sinto imortal. Faz tempo que penso, involuntariamente, no pouco tempo que me falta para viver. E como gosto de viver! Parece que, agora, gosto mais do que antes. Antes, eu não pensava no pouco tempo que faltava. Faltava muito. Não. Faltava pouco, porque tudo é tão rápido, mas eu não sabia. Hoje, depois do que vivi, sei que tudo é fugaz.

Briguei tantas vezes por motivos que não eram importantes! Perdi tempo com coisas que nem ficaram em minha memória. Foram embora. Acho que o vento as levou para algum lugar. Que pena que, naquela época, me faltava maturidade. Faltava-me conhecimento. Eu não tinha fitado, ainda, o curso do rio. Não tinha percebido que o rio não pode passar mais lentamente nas margens bonitas para contemplá-las, nem mais rapidamente nas margens sombrias para encontrar outras paisagens. Ele tem um curso.

Quantas vezes quis que as coisas crescessem antes da hora. Queria ter barba. Queria dirigir. Queria ter carro, casa. Queria ser um homem. E, naquela época, parecia que o tempo não passava nunca. Lá se foram o carro, a primeira casa, os primeiros bens tão desejados — e já esquecidos. E o que ficou, Senhor? Ficou o essencial. Ficou a vida. Ficaram as lembranças importantes. Fiquei eu. Eu que, hoje, sou avô. Que estranho... Nunca planejei ser avô. Queria ser pai. E foi muito bom ver meus filhos nascendo, crescendo. Mas ser avô é surpreendente.

Meus netos são lindos e gostam tanto de mim! E eu não tenho aquelas atribulações comuns dos pais. Não tenho as mesmas obrigações. Fico com a melhor parte. Fico com a diversão. Fico com o encantamento de poder brincar o tempo todo com eles. Ora brinco de contar minha vida, meu passado. Ora brinco de ler histórias, de ajudá-los a viajar pelo mundo fascinante da literatura, da fantasia. Ora brinco de ouvir. Fazem-me de confidente. Reclamam dos pais, contam coisas sigilosas, e eu me faço de assustado. Quero partilhar dos seus sonhos e dos seus traumas e suavizar as dores que hão de surgir.

Gosto de desafiá-los. Lembro-me de meu avô. Quantas lições aprendi com ele. Acho que os tempos eram outros, e nós não tínhamos a mesma liberdade. Mas era bom ouvir suas histórias. Ele era tão sereno. Olhava o mundo com imensa naturalidade. Com a naturalidade de quem já vira de tudo e de quem soubera caminhar pelas sendas ásperas e pelas frondosas. Meu avô. Foi-se há tanto tempo. Ora, o tempo. Parece que foi ontem.

Hoje, tenho o meu tempo. Ainda trabalho e espero trabalhar até o último dia da minha vida, mas trabalho no meu tempo. Não perco a oportunidade de viver a intensidade dos momentos que me fazem feliz. Brinco com a minha idade e rio das minhas limitações. Há uma série de coisas que não consigo mais fazer. E nunca mais conseguirei. Mas há tanto ainda para fazer! E, agora, o sabor é diferente. Não tenho medo da morte. Sei, Senhor, que não nasci para viver um pouco e, depois, desaparecer. Não sou robô. Tenho futuro. E meu futuro não tem fim. É Contigo que, um dia, viverei a plenitude do meu amor. E é para isso que me preparo em toda esta passagem. Para viver a plenitude do amor.

Por ora, fico aqui, a sentir Tua presença em cada momento da minha vida. Hoje, vejo com mais tranquilidade o milagre que, todos os dias, se realiza diante de meus olhos. O milagre da chuva que gera vida. O milagre do amor que gera vida. O milagre da vida, que só é sentido quando se tem amor. Tu és amor. O meu maior amor. E, agora, sinto isso mais do que nunca. Quanto mais maduro vou ficando, mais sinto Tua suave presença. E, na simplicidade de cada sorriso de meus netinhos, percebo quão bela é Tua essência.

Obrigado por me dar a oportunidade de viver tanto. Obrigado por eu poder conviver com pessoas tão especiais. Obrigado por eu ter tido tempo de amadurecer e de Te sentir. Sentir-Te assim, tão simplesmente, tão docemente.

Obrigado, Senhor!

Amém!

21ª oração:
Da avó

Meu coração se enche de ternura e de preocupação. Ternura, pela beleza de contemplar cada um dos meus netinhos. Como são lindos, saudáveis, adoráveis! Preocupação, porque o mundo é diferente de outrora. Tudo é tão perigoso. Tenho medo.

Antigamente, era mais fácil, sei que era. Ficávamos mais tempo em casa. Não havia televisão. Ouvíamos o rádio de quando em vez. Mamãe gostava das novelas. Papai, das notícias. Poucas casas tinham rádio. Papai ficava com o rádio ligado perto da janela. Sentia-se poderoso ao saber o que acontecia em outro lugar. Mamãe chorava com o triste destino dos personagens. E eu crescia nesse ambiente de presença, de respeito, de amor.

Hoje, é mais difícil. Ninguém tem tempo para nada. É preciso saber muito mais do que antigamente. É preciso falar várias línguas, conhecer tecnologia, investir nisso, naquilo. E nunca se está satisfeito. Lembro-me das ligações telefônicas interurbanas. Pedíamos a ligação pela manhã e, à noite, ficávamos esperando que fosse completada. A telefonista era mulher importante. Dependíamos dela. Falávamos alto. Até hoje me pego falando alto ao telefone, pelo costume daquela época. Imagina explicar aos meus netos que já houve tempo em que conseguíamos viver sem celular.

Brincávamos na calçada. Inventávamos brincadeiras, e tudo era novidade. As senhoras, depois do jantar, sentavam-se às portas das casas e conversavam coisas sem importância. Falavam de alguém que morrera, da criança que estava com catapora ou com sarampo, de alguém que viajara. Trocavam receitas, reclamavam de algumas dores, sugeriam o doutor. Conversas, prosas, causos. E o tempo demorava a passar. E era bom. Eu gostava de brincar na chuva. Só tínhamos medo de raio. Continuo tendo. Mas há tantos outros medos hoje em dia.

Lembro-me de quando conheci meu namorado, que virou meu marido e que vive comigo até hoje. Quanta timidez! Eram olhares trocados, risos românticos, frio na barriga. E nada mais. Apenas sonhava. E assim nos casamos. E a lua de mel. Como eu tinha vergonha! E, aos poucos, fui sentindo a beleza do amor. Hoje, é diferente.

Não quero parecer ultrapassada, ranzinza. Mas tenho medo.

Olho os meus netos e tenho medo de que um dia acabe a água do mundo. E parece que vai acabar mesmo! O ser humano maltratou muito a natureza. Tenho medo da violência. Tenho medo de que sejam infelizes. Adoro meus netos, mas acho que, na infância deles, há tecnologia demais e poesia de menos. Não acreditam em nada. Não contam histórias. Jogam *videogame* e navegam na internet. Eu também gosto de internet. Mas de vez em quando. Eu gosto é de falar. Gosto de falar com gente, ao vivo.

Meu Deus! Quero Te pedir pelos meus netos. Que o mundo não seja cruel com eles. Que os vícios de hoje não retirem deles a beleza de vida que têm. Que não cresçam longe do amor. Tenho tanto medo de que falte a eles um coração solidário e digno! Tenho medo de que os caminhos tortuosos sejam mais sedutores do que o reto caminho. Tento ensinar. Mas não sei se me ouvem. Sei que gostam de mim, mas fazem o que querem. Acho que os pais não são tão presentes. Que saudade da minha mãe, do meu pai! Era tão diferente. Não havia um dia em que ficávamos sem nos falar. Gostava da hora em que papai voltava do trabalho. Gostava de saber de tudo. Gostava das leituras de mamãe. Eu e meus irmãos disputávamos para ver quem deitaria no seu colo, enquanto ela lia as mesmas histórias.

Sei que os tempos mudaram, mas sei também que nada substitui o amor. E é isso que peço nesta singela oração. Vejo os meus netos crescendo e sei que têm bons sentimentos, mas, às vezes, sinto que falta alguma coisa. São tão preocupados com eles mesmos. Não têm muito tempo para pensar nos outros, na humanidade. E isso é essencial. Sem esse sentimento, não serão felizes. Senhor, não permitas que sejam egoístas, materialistas. Toca o coração deles. Eu tento. Tu podes. Toca o coração deles e preenche o vazio desta época de pouco tempo. Que eles sejam lindos por fora e por dentro. E que façam a diferença neste mundo. Que eles sejam bons. Apenas isso. E sei que serão felizes.

Obrigada, Senhor! Tenho a certeza de que me ouves, hoje e sempre.

Amém!

Orações
que acalentam

22ª oração:
Da manhã

Senhor!
Estou aqui, em oração, em mais este dia.
A cada amanhecer, o milagre da vida se renova.
Os primeiros raios de luz trazem a esperança de novos horizontes. O ontem já se foi. A noite ficou para trás, com seus problemas e com suas dores. E hoje, Senhor, o dia será melhor.

A natureza começa dando seu espetáculo. As nuvens brincam no céu. Brincam de não deixar o sol se mostrar. Mas aí está ele. Soberano. Anunciando luz. Revelando calor. Transbordando energia. E é essa luz que se torna combustível para que possamos viver com intensidade mais este dia. Com certeza, teremos problemas hoje. Mas seremos fortes e iluminados o suficiente para enfrentá-los com determinação.

O novo dia anuncia um novo tempo. E nenhum dia se repete. Cada experiência vivida é uma experiência única. E, assim, seguimos nosso curso, rio abaixo, em direção ao oceano. Nunca poderemos saber a duração do nosso rio. Nunca poderemos imaginar quantas margens tristes teremos de presenciar, nem mesmo as paisagens belas. Quantas serão? O rio tem seu curso. E é preciso saber apreciar esse curso, para que nossa chegada ao oceano seja bela.

Hoje, eu acordei pensando em Ti. Nas muitas vezes em que não reconheci este milagre acontecendo. Estar vivo. Mais um dia, e eu vivo. Vivo para empreender novas batalhas, para sonhar novos sonhos, para ser, para conviver, para aprender, para desbravar outras florestas de sentimentos, de ações. Para subir, outra vez, ao topo do monte e, de novo, contemplar os numerosos caminhos que posso seguir. É esse lindo sentimento de liberdade que me invade a cada dia. É esse poder de ir ou de ficar. De dizer ou de me calar. De olhar e de enxergar, e de olhar e de nada ver. De ouvir uma sinfonia e de chorar. De contemplar uma criança que também me contempla e de perceber que o milagre da vida se renova. De me deparar com alguém mais velho e de imaginar quantas histórias viveu, sofreu, sentiu e amou.

Hoje, acordei pensando em Ti. Acordei pensando no milagre do acordar. Acordei pensando na beleza da Tua criação. Tudo tão perfeito. Tão harmonioso. E tudo como o transbordar de uma generosidade sem-fim. O Teu amor infinito.

Cada detalhe preparado para que eu possa ser feliz. E, às vezes, teimo em não ser feliz. Vejo e não vejo. Ouço e não ouço. Toco e nada sinto. Mas o milagre não deixa de acontecer, talvez na ânsia de que, algum dia, eu recupere a capacidade de me extasiar diante do milagre. O milagre que está aí. Em mais um dia que nasce.

E eu renasço com este dia. Minhas forças estão revigoradas. A noite me trouxe energia para que eu pudesse prosseguir nesta jornada. O amanhecer anunciou o milagre de que hoje será um lindo dia. Não quero, Senhor, antecipar os problemas que terei de viver. Que venham os problemas. Eles são a prova de que estou vivo e de que tenho forças. Eles são a testemunha de que a inteligência que me deste habita cada centímetro de mim, para que eu perceba que o dia está aí para ser vivido.

Que neste dia, Senhor, eu não viva de lamúrias e de queixumes. Que neste dia, Senhor, eu não viva de reclamos. Que neste dia, Senhor, eu não antecipe dores. E que, se essas dores chegarem, eu tenha a temperança de, mesmo assim, não reclamar. Que neste dia, Senhor, eu seja forte. Minha fortaleza será indispensável para que outras pessoas vejam em mim o exemplo de quem luta sem perder o entusiasmo. De quem voa sem perder o toque. E de quem toca sem perder o sonho.

Que nesta manhã, Senhor, eu tenha ainda mais certeza da Tua existência. E, mais do que isso, da Tua presença. Da Tua divina e amorosa presença, que me invade e que me impulsiona para eu saltar ainda mais alto. Sim, porque, neste dia, eu não quero rastejar. Ficar vivendo de miudezas, de migalhas de sentimentos, que me impedem de perdoar e de recomeçar. Quero saltar alto. Quero, do alto, contemplar este lindo cenário de vida. Quero, do alto, compreender cada dor, com amor. E, do alto, compreender o amor. E viver o amor. E ser amor. E assim, Senhor, sendo amor, estarei mais junto de Ti. Sendo amor, sentirei Tua presença e, também, presença serei para tantos que, por tantos motivos, têm medo de fazer esta oração.

Obrigado, Senhor! Mais um amanhecer. E estamos juntos. E que estejamos assim para sempre, para todo o sempre.

Amém!

23ª oração:
Da ética

Senhor!

Recebemos este mundo de presente. E, com ele, tantas possibilidades! Recebemos a inteligência. A capacidade de viver e de conviver. Recebemos o poder. O poder de servir. O poder de fazer o bem.

Eis a nossa vocação: fazer o bem.

Há pessoas que correm de um lado a outro na tentativa de vencer. Lutam e até vencem. Mas, na batalha, usam pessoas como tábuas. Gente como atalho. E pisam. E agridem. E maltratam. E seguem adiante, na certeza de que estarão impunes. Não estarão. Não estão. Ninguém mata o outro impunemente. Ninguém mata os sentimentos, os sonhos dos outros, e segue sem rugas.

Nossa vocação é a felicidade. Mas ela tem mãe. A felicidade é filha do bem. Ninguém consegue fazer nascer a felicidade sem antes viver o bem. O precioso bem. E isso é ética. Esse código de conduta que visa ao bem. Essa arte da convivência que, no palco da vida, faz com que os papéis se respeitem e com que cada protagonista entenda que há outros protagonistas também, porque todos, todos são protagonistas. Não há papéis secundários. Ninguém é degrau de ninguém. E ninguém merece ser tratado com consideração menor.

Nossa vocação é a felicidade. E, para isso, é preciso que não haja barreiras na relação com o outro. Cor, etnia, credo, gênero. Detalhes de algo maior. O ser humano é muito maior do que isso. O ser humano foi criado à Tua imagem e semelhança. E isso significa que todas as pessoas, apesar das suas diferenças, são capazes de encontrar a felicidade. E de viver o amor. E, portanto, de estar perto de Ti.

Os talentos são presentes abundantes, a fim de que cada um encontre o melhor caminho para servir. Para servir a uma grande causa. Para servir à humanidade. E, assim, nasce a ética.

Queremos pedir, Senhor, que nosso egoísmo esteja de partida, para que um novo sentimento tome conta de nós. Que nossa arrogância dê lugar à ternura da simplicidade. E que todos, todos encontrem em nós um sinal do Teu amor.

Senhor, toca nossa alma e mostra-nos a beleza da ética. No momento da criação, Tu decidiste que, apesar da nossa inteligência, seria impossível alcançarmos, solitários, nosso pleno desenvolvimento. Nós precisamos uns dos outros. Ninguém sobrevive sem o outro, sem o grupo. Nascemos para a convivência. Nascemos para a ética. Mas, de repente, foram surgindo as comparações, as competições, e o que era naturalmente bom foi ficando estranho. E a destruição conheceu a natureza humana, que conheceu a destruição. E, assim, o mundo distanciou-se da ética. E a convivência foi ficando cada vez mais tumultuada. Guerras. Algumas, até em Teu nome. Conflitos. Preconceito. Discriminação. Corrupção. Humilhação.

Ora, o que aconteceu com a semente do bem? Ficou escondida em algum pântano? Ficou mergulhada oceano adentro, sem estímulo para vir à tona? Reside em algum rincão distante? Porque, por certo, ela existe. A semente existe e existirá sempre. Ela busca apenas terra fértil para virar planta, e virar flor, e virar fruto. E alimentar.

Senhor, não permitas que a humanidade passe fome de ética. Não permitas que o mundo, com todos os sentimentos que nele habitam, seja destruído pela fome, pela fome de quem não permitiu que a semente florescesse. E tenho certeza, Senhor, de que nós erramos muito mais por ignorância do que por maldade. E é por isso que Te peço: derrama Tua luz, para que possamos ver essa semente. Derrama Teu amor, para que possamos senti-la e para que, assim, sentindo-a, possamos permitir que ela exista. E, existindo, que o bem faça morada e que o mundo siga a vocação para a qual foi criado.

Somos tantos e tão diferentes. Somos bilhões e somos um. E esse sentimento de felicidade, que nasce do bem, nos une. E essa força, a que, com ternura e com carinho, deram o nome de amor, é a razão de estarmos aqui. Viemos do amor. Voltaremos para o amor. Por que, então, não viver no dia a dia a intensidade desse amor? Basta experimentar, e o milagre acontece. E o mundo se agiganta. E a poesia toma forma. E um gosto de estrelas na boca nos mostra que estamos no caminho certo. A manjedoura continua lá, à espera de novos reis e de novas rainhas que sintam o sabor desse sabor. E tudo isso é o amor. E é por isso que eu Te amo, meu Senhor.

Amém!

24ª oração:
Do amigo

Há muito se diz que quem encontrou um amigo encontrou um tesouro precioso. Há muito se diz que amizade verdadeira dura para sempre. Não há aquelas tempestades da paixão nem a calmaria exagerada do descompromisso. É o meio-termo. É a bonita sensação do estar perto e, de repente, deixar o silêncio chegar. Não exige tanto. Exige tudo.

As amizades nascem do acaso. Ou de alguma força que faz com que uma simples brincadeira, uma informação, um caderno emprestado, uma dor, sejam capazes de unir duas pessoas. E a cumplicidade vai ganhando corpo, e o desejo de estar junto vai aumentando — e, com ele, a sensação sempre boa de poder partilhar, de se doar.

Há muito se diz que os amigos verdadeiros são aqueles que se fazem presentes nos momentos mais difíceis da vida, naqueles momentos em que a dor parece querer superar o desejo de viver. De fato, os amigos são necessários nesses momentos. Mas, talvez, a amizade maior seja aquela em que o amigo possa estar ao lado do outro nos momentos de glória e vibre com essa glória. Não tenha inveja. Não queira destruir o troféu conquistado. Aplauda e se faça presente. Seja presente.

A amizade não obedece à ordem da proporcionalidade do merecimento. Não há sentido em querer de volta tudo o que, com generosidade, se distribuiu. A cobrança esmaga o espontâneo da amizade. E a surpresa alimenta o desejo de estar junto. O amigo gosta de surpreender o outro com pequenos gestos. Coisas aqui e ali que roubam um sorriso, um abraço, um suspiro. E tudo puro, e tudo lindo.

Há muito se diz que não é possível viver sozinho. A jornada é penosa e, sem amparo, é difícil caminhar. Juntos, os pássaros voam com mais tranquilidade. Juntas, as gaivotas revezam a liderança, para que nenhuma delas se canse demais. Juntos, é possível aos golfinhos comentarem a beleza de um oceano infinito. Juntos, mulheres e homens partilham momentos inesquecíveis de uma natureza que não se cansa de surpreender.

Eu Te peço, Senhor, nesta singela oração, que me dês a graça de ser fiel aos meus amigos. São poucos. E impossível seria que fossem muitos. São poucos, mas são preciosos. Eu Te peço,

Senhor, que me afastes do mal da inveja, que traz consigo outros desvios, como a fofoca. A terrível fofoca, que humilha, que maltrata, que faz sofrer. Eu Te peço, Senhor, que o sucesso do outro me impulsione a construir o meu caminho e que jamais eu tenha a ânsia de querer atrapalhar a subida do meu amigo. Eu Te peço, Senhor, a graça de ser leal. Que eu saiba ouvir sempre e que eu saiba quando é necessário falar.

Senhor, sei que a regra de ouro da amizade consiste em não fazer ao amigo aquilo que eu não gostaria que ele me fizesse. E Te peço que eu seja fiel a essa intenção. Sei que essa regra fará com que o que se diz há tanto tempo se realize na minha vida. Que eu tenha poucos amigos, mas amigos que permaneçam para sempre. Não poderia ter muitos. Não teria tempo para cuidar de todos. E, de amigo, a gente cuida. Amigo, a gente acolhe, a gente ama.

Senhor, protege os meus amigos. Que, nesta linda jornada, consigamos conviver em harmonia. Que, neste lindo espetáculo, possamos subir juntos ao palco. Sem protagonista. Ou melhor, que todos sejamos protagonistas e que todos percebamos a importância de estar ali. No palco. Na vida.

Obrigado, Senhor, pelo dom de viver e de conviver. Obrigado, Senhor, pelo dom de sentir e de manifestar o meu sentimento. Obrigado, Senhor, pela capacidade de amar, que é abundante e sem-fim.

Amém!

25ª oração:
Da criança

Pai querido!

Eu quero ser criança, com todo o direito de ser criança.

Quero poder brincar e quero poder tocar o outro com a leveza da minha brincadeira.

Quero poder sorrir e quero, ao sorrir, ajudar o outro a perceber que ainda há motivos para ter esperança.

Quero correr e, ao correr, ampliar os horizontes daqueles que não perceberam que, além das cercas, há um campo enorme, cheio de verde e de vida. Um campo que é um convite a sair do lugar de sempre.

Quero dançar e, ao dançar, trazer outras pessoas à minha dança, para que sintam que o corpo é um presente e que, quando se une a outros corpos, ao som da música, se torna ainda mais presente, leve e belo.

Quero cantar e, ao cantar, alcançar pontos mais distantes, que, com a minha mão ou com outra parte do meu corpo, eu não conseguiria atingir. O meu cantar chega a qualquer canto. E o meu canto é o Teu canto.

Quero aplaudir e, ao aplaudir, envolver toda a gente nesse aplauso. Ao aplaudir, quero ensinar e aprender que ninguém é feliz quando não se preocupa com a felicidade do outro.

Quero nadar. E, ao nadar, sentir-me participando da natureza. E, assim, contemplá-la. E, assim, defendê-la. E, assim, construir um mundo mais bonito, para mim e para quem virá depois de mim.

Quero rezar. E, ao rezar, sentir que não estou sozinho e que nunca estarei. Sentir que Tua presença não me tira a liberdade. Ao contrário, faz-me livre na essência, porque me livra do mal.

Quero amar. E, ao amar, sentir-Te. E, ao sentir-Te, fazer a diferença na vida de quem eu vier a amar. Amar sem economias. Amar sem barreiras, sem fronteiras. Amar como em um voo leve, profundo, delicado, forte. Amar com todas as ações e com todas as contradições do verbo amar. Quero amar.

Quero viver. Quero viver a vida inocente e a vida perigosa. Quero viver a dor e viver o amor. Quero viver a saudade e a chegada. Quero viver a lembrança e o esquecimento. Quero viver o vulcão e a calmaria. Porque é o meu mister. Não vou fugir de nada. E sei que estarás comigo, para que minha travessia seja intensa e feliz.

Ainda sou criança, Senhor, mas tenho tudo isso pela frente. E não é à toa que estou aqui. E, um dia, quero poder olhar para trás e dizer: "valeu a pena". Cada lágrima derramada. Cada noite maldormida. Cada soluço. Cada aperto no peito. Cada riso ou gargalhada. Cada mão estendida. Cada abraço. Tudo valeu a pena porque fez parte de um caminhar. Um caminhar difícil, fácil. Depende de Ti e de mim.

Ainda sou criança, Senhor. Que eu seja uma eterna criança. Não na ingenuidade infantil. Mas na liberdade dos pequenos. Na simplicidade de quem não precisa de tantas razões para ser feliz. De quem se lança ao colo do pai ou da mãe, na certeza de que eles existem e de que estão ali. De quem entra no oceano e não duvida do mar.

Ainda sou criança, Senhor! Que eu seja uma eterna criança. Pronta para mais uma história. Para mais uma canção.

Ainda sou criança, Senhor! Ainda não desconfio do amor. Nem gostaria de desconfiar. Senão, por que viver?

Cuida dos meus sentimentos de criança. Cuida de mim hoje, amanhã e sempre, por favor. Cuida de mim, Senhor!

Amém!

26ª oração:
Do órfão

Senhor!
Vejo as crianças brincando com seus pais. Vejo a docilidade do sorriso de mãe. A cumplicidade do abraço de pai. Vejo quão perfeita é a família. Vejo tudo isso e me vejo sem mãe e sem pai.

Sei que não és Tu, Senhor, que fazes os Teus filhos sofrerem. Sei que a minha solidão vem da liberdade que dás a cada filho Teu para que siga sua própria história.

Fico triste quando penso em meu pai e em minha mãe. Eles já não existem. Ou melhor, existem para sempre... Mas não posso tocá-los. Não tenho como sentir o colo materno nem o paterno.

No Dia das Mães, sempre escrevo uma carta para minha mãe. Digo da saudade que não tem cura. Falo do quanto ela foi importante para mim. Digo da dor da separação. E conto que estou crescendo, que sou feliz, mas que alguma coisa me falta. E essa falta dói tanto! Que pena que o tempo passou tão veloz. Que pena que eu não pude dizer tudo o que gostaria.

No Dia dos Pais, eu penso em herói. Convivemos tão pouco, mas a lembrança é intensa. Não sei se meu pai era tudo aquilo que eu imaginava, mas era meu pai. Ouvia seus passos, sua voz. Recebia seu beijo. Era pouco tempo de convivência. Mas eu tinha pai. Eu sabia que ele estava ali. Comigo. Sempre. Que pena que não foi para sempre.

Quando há festa, tento brincar e sorrir e tento não pensar na saudade. Às vezes, disfarço e consigo me divertir. Às vezes, um vazio me preenche e parece que estou fadado a nunca ser feliz. Como ser feliz sem o amor de mãe ou de pai? É claro que não estou sozinho. Mas é diferente. Aquele tempo não volta mais. Nunca mais. E é isso que me dói tanto.

Senhor!

Hoje, não quero falar da minha dor. Quero Te pedir. Quero pedir pelos dois. Meu pai. Minha mãe. Sei que eles estão perto de Ti, como eu também estou. E sei que eles estão felizes. Cuida deles para mim. Sei que há muita gente que precisa dos Teus cuidados. Mas esses dois são especiais. Pelo menos, para mim. Foram as pessoas mais maravilhosas do mundo. Cuida deles, Senhor! E faz com que eles se orgulhem de mim, de cada coisa que tento fazer, lembrando-me daquilo que eles puderam me ensinar.

Obrigado, Senhor!

O tempo que passamos juntos foi menor do que eu gostaria que fosse, mas agradeço, mesmo assim, poder ter convivido com pessoas tão lindas, que me amaram tanto.

Obrigado, Senhor.

Não tenho pai. Não tenho mãe. Tenho fé. Por mais doloroso que seja o tombo, é preciso levantar. Por mais dura que seja a queda, o tempo há de cicatrizar as feridas doídas. A saudade, ora, essa não há tempo que resolva. Mas eu estou aqui. Tu estás aqui. E, depois desta oração, já me sinto mais feliz.

Obrigado, Senhor!

Amém!

27ª oração:
Do jovem

Juventude é o momento mais lindo da vida. Juventude é raça. É garra. É paixão. É capacidade de indignação. É sentimento de mudança. De revolução. Da linda e boa revolução do amor.

Juventude é esperança do amanhã. Juventude é certeza do hoje. Juventude é caminhar sem ver o destino final. Mas é caminhar tendo destino.

Juventude é sonho. E sonho é alimento que alimenta a vida.

Juventude não se mede pela idade. Há jovens de 50, de 60, de 70 anos ou mais. Há outros tantos que, aos 16, aos 17, aos 20 anos, já perderam a essência de ser jovens. Estão cansados, embotados. Não sonham. Não são livres, porque não conhecem a essência da liberdade. Não amam, porque o amor ainda não encontrou chances para se manifestar. Ficam com uma certa apatia, que, aos poucos, vai encobrindo o sol da boa idade.

Juventude é gosto pelo novo. O novo que se renova sempre, porque, senão, novo não seria. É gosto pela aventura de estar diante de uma nova paisagem e de tentar decifrá-la. A vida tem de ser decifrada. Cada sinal é um código que habita o mapa da nossa história. O jovem não pode ficar perdido. Há nomes, e cores, e relevos que apontam coisas e dizem onde elas estão. Mas é preciso atenção para compreendê-los.

Juventude é canção. Sem canção, não há luz e, sem luz, padece o jovem na escuridão de suas incertezas. A canção embala e orienta os sentimentos. A canção atinge patamares impressionantes. Seu ritmo, sua melodia, suas notas e sua ausência de notas. Tudo é canção, e cada nova canção é única, e o jovem gosta do sabor do que é único. Do que não se repete. É sua identidade.

Juventude é amor. Amor ora doído, ora correspondido, ora sublimado. Amor pessoal, amor universal. Amor amigo. Amor amante. Amor irmão. Sem amor, não há juventude. O amor é transformador, e o jovem se transforma a cada dia. E muda de ideia, e de opinião, e de gosto, e de palpite. Muda pelo frenesi da mudança. Quer acompanhar o vento que não se sabe para onde vai. Mas que vai. Não fica parado, contido, empoeirado.

Juventude é ciranda. É brincadeira de quem, às vezes, não consegue largar da mão e deixar a roda. É dança que faz cruzar os olhos. E, ao cruzar, faz nascer a paixão ou a amizade. E a dança continua. Ora triste, ora feliz. E as mãos que se entrelaçam sabem da importância de fazê-lo. Não se pode quebrar a corrente. É preciso girar, mover, viver, mas sem deixar as mãos se soltarem.

Juventude é calor. É fogo. É uma explosão constante. De ideais. De desejos. De sentimentos que, sentidos, ganham tamanho de gigantes. Tudo é maior. A proporção é resultado da força em seu pleno vigor. O calor invade e aquece o jovem, para que possa sair seguro da gruta e para que enfrente, sem medo, as feras que, porventura, estejam à espreita.

Juventude é valentia. Nunca covardia. Nem temeridade. É o sábio meio-termo. Valentia para mudar o que deve ser mudado. Em toda a História, os jovens estiveram à frente das grandes transformações. Na música ou na política. No teatro ou na literatura. Na Igreja ou na praça pública. Nos exércitos ou nas novas invenções. Sempre houve e sempre haverá a alma de um jovem. Sem esse sabor, o saber não muda, e ficamos todos a esperar o que há de vir para ver como fica. A mesmice não combina com a juventude. Nem a acomodação. Nem a alienação.

Juventude é juventude. Ontem. Hoje. Sempre. Jovens destemidos em posição de batalha. Batalhas corretas. Temas certeiros. Desbravadores que não se deixam abater pelas feras que rondam a travessia. Se é preciso enfrentá-las, dizem "presente", aqueles que são jovens.

Tu és, Senhor Jesus, o grande símbolo da juventude. Tua vida, entregue por amor, é a prova de que vale a pena viver por uma grande causa. Tua serenidade e Tua mansidão. Tua asserção com os vendilhões do templo. Tua docilidade com Madalena, ou com a samaritana, ou com o bom ladrão. Tua tristeza ao saber da morte de Teu amigo Lázaro. A saudade também habitou o Teu coração. Tua alegria ao ver o povo entendendo a lição do amor. Tua paciência ao perceber que Teus amigos, Teus amigos mais próximos, estavam prontos a negar-Te. E Tu, Senhor Jesus, viveste para assinalar aos jovens o que é viver.

Abençoa, Senhor, a juventude. Força motriz na construção da verdadeira civilização do amor.

Amém!

28ª oração:
Do idoso

Eu me sentia imbatível. As dores nunca me atormentavam. A morte era uma peça de ficção. A vida, essa sim, um desafio constante. Sempre fui uma pessoa atuante. O trabalho não me cansava. Muito pelo contrário. Quanto mais eu trabalhava, mais vontade de trabalhar tinha. Não conheci a preguiça nem a covardia. Sempre fui um timoneiro fiel, conduzindo minha embarcação.

Eu me sentia imbatível. Os problemas surgiam e iam embora na mesma velocidade. Nunca gostei daqueles que ficavam, por aí, a viver entre lamúrias e queixumes. Os reclamos me soavam mal. Eram coisa de gente sem brio, sem valentia. O exército da vida não pode contar com soldados que se deixam vencer pela primeira perda. É preciso lutar. Lutar com dignidade. Lutar com olhos fitos no horizonte. E é essa luta que nos mantém vivos e que dá sentido à existência.

Eu me sentia imbatível. Aos poucos, entretanto, fui temendo um inimigo que eu sabia que não poderia vencer: o tempo. Comecei a temer o tempo. Comecei a me angustiar com a possibilidade de não mais ter possibilidade de vencer. O tempo é implacável. Não há força alguma capaz de vencê-lo. E como isso me perturbava! Comecei a ficar com a sensação correta de que, com o tempo, muitas coisas que eu fazia, não poderia mais fazer. E o pior: não tinha volta.

Eu me sentia vencido. Vencido pelo medo da morte. Vencido pelo medo da velhice. Vencido pelo medo da solidão, da doença, da derrota. A juventude foi ficando em algum lugar distante. E o cansaço, a decepção de não poder fazer, tudo isso foi ganhando mais e mais espaço.

Eu me sentia vencido. Olhava, com desdém, o vigor dos jovens, que, agora, tomavam o comando de tantas coisas que ontem me pertenciam. A força era mais deles do que minha. E eu não queria reclamar. Não tinha esse direito. Combati isso por toda a minha vida.

Resolvi me unir ao tempo. O inimigo invencível merece que nos juntemos a ele. Isso é sinal de sabedoria. E que Deus me livre de ficar velho sem ficar sábio. Isso é imperdoável. Consegui me unir ao tempo. E, hoje, somos companheiros fiéis. Há tanta coisa que ficou no passado. Mas eu tenho presente. E tenho futuro. Falta força física para algumas empreitadas. Mas sobra força para outras tantas. E mais: hoje, tenho maturidade. Tenho o tempo. Somos amigos. E o tempo me ensinou a contemplar com mais beleza cada acontecimento. Isso me faz profundamente feliz.

Não exijo demais dos jovens. Não quero que fiquem o tempo todo a me bajular. Quero, sim, ser tratado com dignidade. E quero que me deixem ser feliz. Fazer tudo aquilo que me dá o prazer de sentir que estou vivo e que sou útil. E perceber que isso é bom.

Já me senti imbatível. Já me senti vencido. Hoje, sinto-me vivo. Vivo a beleza de cada momento. Vivo cada instante como se fosse o último, o único. E isso me faz feliz. Não olho com inveja a mocidade. Olho com carinho. Quero ajudar os jovens a encontrar o essencial. Mas não quero ser um invasor de mundos alheios. Algumas quedas são necessárias. Outras podem ser evitadas. E é sábio quem consegue discernir entre umas e outras.

Posso ser útil, Senhor. Útil a mim mesmo. Se continuar feliz, não serei um peso para quem me ama e para quem me acompanha. Se continuar feliz, poderei ser uma leve companhia a quem, comigo, quiser fitar o rio que corre e que segue seu curso. E o rio é lindo. Sua nascente é um milagre. O rio começa frágil e vai aumentando de tamanho, de volume; torna-se valente, poderoso, e, de repente, chega ao mar. E não é menos importante por isso.

Um dia, Senhor, também chegarei ao mar, na certeza de que cumpri meu ofício, de que vivi minha vocação. Mas, até lá, ajuda-me a contemplar, com alegria, toda a paisagem que eu possa vislumbrar no meu curso.

Amém!

29ª oração:
Da paz

Senhor!
O mundo precisa de paz.
A paz não é apenas a ausência de guerra.
A paz não é apenas o abandonar das armas.
A paz é decisão. É ação.
Senhor!
O mundo precisa de paz.
Da paz de crianças que aprendam desde cedo a amar e a respeitar.
Da paz de adolescentes que convivam com as mudanças sem raiva.
Da paz de jovens decididos a manter a harmonia do universo.
Da paz de maduros, de todas as idades, que não tenham preguiça de ensinar aos que estejam, ainda, engatinhando pela vida.
Da paz de velhinhos que se sintam livres e felizes. Que se sintam amados e acolhidos.
Senhor!
O mundo precisa de paz.

Da paz dos que pouco têm e, mesmo assim, partilham. Dos que sabem que os bens materiais ajudam, mas não constituem a essência do existir.

Da paz dos que muito têm e, tendo, agem como se não tivessem. E, agindo assim, são desapegados e generosos e não guardam arrogância nenhuma em seus sentimentos.

Senhor!

O mundo precisa de paz.

Da paz das famílias que se fazem Igreja. Das famílias que, cientes da missão de educar, conduzem os filhos pelo legado do amor, da ética, da fé. Das famílias que conseguem viver sem máscaras. Mãe e pai. Mulher e homem. Não há superioridade, mas respeito. Não há violência, mas ternura. Filhos. Filhos nascidos e criados em espaços seguros, desde a gestação.

Senhor!

O mundo precisa de paz.

Da paz das escolas. Escolas, que são espaços de luz e que têm a natural vocação de iluminar os que, iluminados, iluminarão o mundo. Das escolas em que professores, e funcionários, e alunos, e diretores vão construindo, juntos, um espetáculo de amor. Das escolas que, acolhedoras, abrigam os que hão de, no futuro, também saber acolher. Personagens que distinguem o acidental do essencial no aprendizado. Das escolas que ensinam a brincar e a respeitar. Dos professores que não confundem sisudez com competência. E que aceitam que o sorriso está na moda e que estará sempre.

Senhor!

O mundo precisa de paz.

Da paz da comunidade. Do bairro que tem de voltar a conversar. Dos vizinhos que, calados pelo medo, ou pelo tédio, ou pelo ritmo de uma vida acelerada, deixaram de lado o lindo costume de conversar e de contar histórias. Das crianças que podiam brincar livres pelas calçadas, enquanto os pais se divertiam ao ver que todos podiam ser felizes.

Das comunidades que se organizam para vencer a violência e a destruição. Das que sofrem quando sofre um de seus membros. Das que têm a capacidade de se reconstruir a cada vendaval e de contemplar, com êxtase, a calmaria.

Senhor!

O mundo precisa de paz.

Da paz que habita o coração das mulheres e o dos homens. Só será possível reconstruir o mundo se reconstruirmos, primeiramente, as pessoas. E de dentro para fora. E como essa paz é fundamental! A paz da serenidade, da sabedoria, da simplicidade. A paz do equilíbrio. A paz do amor. Esse sentimento que faz com que todas as nossas ações tenham um sentido. Esse sentimento que faz com que o outro seja tão importante quanto eu mesmo. E que eu, Senhor, consiga agir na minha vida como se Tua fosse a ação. Pensar os Teus pensamentos. Amar o Teu amor.

Senhor!

O mundo precisa de paz.

Faz de mim um instrumento da Tua paz, como disse, certa feita, o santo que revolucionou o conceito de amor e de simplicidade: São Francisco de Assis.

Faz de mim um instrumento da Tua paz comigo mesmo, com os de minha convivência, com o mundo e com aqueles que nem conheço, mas que são também meus irmãos.

Assim seja!

Oração
especial

30ª oração:
Para a Mãe de Deus

Minha Mãe, Maria.

Mãe minha e Mãe de todos os homens do mundo.

Mãe dos que creem e dos que duvidam.

Mãe de todos. Sê nossa intercessora junto ao Mediador.

Minha Mãe, Maria.

Tua vida foi sinal de amor.

Se não fosse teu silêncio, talvez não tivesse sido possível ouvir o anjo que anunciava.

Se não fosse tua atenção, aquelas palavras não teriam surtido efeito.

Se não fosse tua coragem, a resposta teria sido "não".

Se não fosse tua disposição, teu "sim" em nada teria resultado.

Minha Mãe, Maria.

Tua maternidade te fez ainda mais bela.

Tua pureza ensinou que vale a pena contemplar os amanheceres.

Tua presença mostrou o que é ser presente. Soubeste não sufocar. Soubeste não abandonar.

Minha Mãe, Maria.

Teu olhar diante do sofrimento de teu Filho comove, ainda hoje, a humanidade.

Ele era inocente, e tu sabias disso. Ele era belo e, mesmo assim, maltrataram-No. Ele era fascinante e, mesmo assim, abandonaram-No. E Ele, que nada fez, pagou por tudo o que fizeram. E tu compreendeste. Compreendeste e choraste ao pé da cruz.

Minha Mãe, Maria.

Aprendi a rezar desde criança.

Aprendi a dizer: "Ave! Cheia de graça!".

Aprendi a te chamar de Mãe. E nunca esqueci.

Mãe é para sempre. Mãe cuida da gente. Embala na dor e no amor. Faz-se presente.

Minha Mãe, Maria.

Nesta minha oração, quero apenas te pedir uma coisa.

Ensina a este mundo as lições que marcaram tua vida. Teu silêncio, tua atenção, tua coragem e tua disposição de realizar o desejo do Pai. Tua humildade. A humildade da menina de Nazaré que virou Rainha. Rainha da bondade e do amor. Estrela da paz.

Minha Mãe, Maria.
Minha eterna Mãe, Maria. Fica comigo.
Amém!

Este livro foi composto em Bembo
para a Editora Planeta do Brasil
em setembro de 2011.